道德經異述

潘英俊編著

文史哲出版社印行

國家圖書館出版品預行編目資料

道德經異述 / 潘英俊編著. -- 初版 -- 臺北
市：文史哲，民 99. 05
　　頁: 公分
　　ISBN 978-957-549-889-3 (平裝)

221.08　　　　　　　　　　99006591

道 德 經 異 述

編 著 者：潘　　　英　　　俊
出 版 者：文 史 哲 出 版 社
http://www.lapen.com.tw
e-mail：lapen@ms74.hinet.net
登記證字號：行政院新聞局版臺業字五三三七號
發 行 人：彭　　　正　　　雄
發 行 所：文 史 哲 出 版 社
印 刷 者：文 史 哲 出 版 社
臺北市羅斯福路一段七十二巷四號
郵政劃撥帳號：一六一八○一七五
電話 886-2-23511028 · 傳真 886-2-23965656

實價新臺幣三六○元

二○一○年（民九十九）五月初版

ISBN 978-957-549-889-3　　12132

前　　言

　　二千多年來中國文化深受老子思想的影響，而所謂老子思想之主要依據即五千言之道德經。因此二千多年來精研道德經的專家學者或山野隱士就不知凡幾。知名而留下著作的就成千上百。凡舉校考、注釋、翻譯的著作就汗牛充棟。他們從不同角度切入去了解道德經。據不同版本去校考經文，晚近漢墓馬王堆出土的帛書，郭店出土的戰國簡冊，又提供了更珍貴的資料。因此可以說，道德經五千言的每一個字，幾乎都已經過無數人、無數次的研究討論，說真的，要說對道德經還有什麼新論述，實在只有老子復起，否則很難再超越現有的研究成果。然而道德經之研究不會到現代就停止，它還會不停地有成千上萬的人，對之有興趣而繼續鑽研，一代一代地鑽研下去，並留下更多的研究紀錄。何以致此呢？難道對道德經的研究是炒陳飯嗎？筆者想「炒陳飯」的想法是不會被人們所接受的。幾千年來從沒間斷過對道德經的研究。即可肯定今後也將不會間斷對道德經的探索。「妙」是說不清楚講不明白的，更何況道德經所謂的「眾妙之門」，怎能被人們說清道盡呢？

　　吾人常說：「如人飲水，冷暖自知。」道德一經已可以說是人類文化中的水了。水在日常生活中天天需要它，也普遍

存在人類生活的環境中，或許平時不會去珍寶它，但沒有它，我們真還活不了。道德經雖概稱五千言，然而自無始以來，人類日常生活中萬般現象，卻沒能跳脫道德經的哲理範疇。吾人每日的生活總或多或少的用到了道德經的哲理，或被道德經的哲理所含蓋。所以人人隨著年齡的增長，閱歷的拓展，就越會體悟到道德經智慧的高妙。正如一個久住水邊的人，平時不覺得水的珍貴，等到有一天，他到了乾旱的沙漠，他才會真正地對水肅然起敬，寶之勝過金銀珠寶。人的一生，年輕時正如住在水邊的人家，不知珍寶水。年輕人不知珍寶道德經蘊含的智慧，等到馬齒徒長、回首前塵，才驀然驚覺原來「伊人已在燈火闌珊處」。一輩子萬般計較，千般鑽營，最後落得「為者敗之，執者失之」的下場。真令人不勝唏噓呀！

　　筆者應屬於「住在水邊的人家」。筆者於讀初中時代，就買了一本商務出版的老子來朗讀，雖然當年完全無法讀懂老子書中的哲理，但朗讀起來確蠻好玩的，因此閒來無事就高聲地朗讀幾章，也許因此而使肺部受到了吐納的作用，而覺得全身舒暢多了。等到離開學校，走入社會，在不知不覺中掉入了「為」與「執」的旋渦中，每天無不為生活而「為」；而「執」，何嘗想起「為者敗之，執者失之」的警語呢？直到年屆知天命之年，某日，筆者的長官在與筆者閒談其做人做事的原則時，他對筆者說：「數十年來，每調一個不同的職位，都慎終如始。」他並問起「慎終如始」的出處與其前後文的詳細內容。於是筆者才又重拾道德經一書。五十歲讀道德經畢竟與學生時代的感受大大不同，而且每讀一次在腦中激起

的火花也不同，筆者學生時代修過老莊哲學，手中已有許多不同注家的版本。雖逐本逐本地細加研讀，雖然老子云：「不出戶，知天下」，但總覺得彼何人也？怎能「玄同」？於是求助於學術界的老同學，為筆者搜羅更新的研究資料，而得到郭店竹簡與馬王堆帛書的最新研究論文。

歲月匆匆又過了十幾年，筆者已年近隨心所欲了。但筆者實在無從得知，自己有否將擁有年過隨心所欲的天命。如果有則萬幸，如果沒有，那麼這輩子從少年時朗讀老子，青年時修習老、莊，到半百後的沉浸於道德經，筆者是「有為」還是「無為」呢？說是「有為」筆者之於道德經又是為何而為？如說「無為」，則筆者何以日與道德經為伍？難不成筆者是要來個「為無為」？真是「不可道」又不想「不道」，因此就隨緣順性的「道道」，這是筆者此作之動機。自韓非以來所謂的喻老、解老、註老的著作真的多到數不清。今人之中恐也無人敢說讀盡了所有的研究文獻，筆者當然更是淺狹，蟄居鄉野資訊貧乏自是難免，對今日學界在老學上的種種新論述也所聞不多，所以本著作中，一定會有許多老調重彈或別無新意之處，也可能被視為「以管窺天」甚或被批為謬論。筆者數十年來所讀過的道德經注本雖極有限，但發現一個現象，那就是家家持之有故言之成理，或皆可稱「自成一家」。雖當中有不少互為批評駁斥，但筆者皆予高度的尊重，因為道德經有如抽象畫，觀者可各憑自己的想像與偏好去欣賞它。河上公可以用仙道的角度去了解它。釋德清可以用佛家的角度去解析它。王弼是老學的泰斗，其道德真經註以玄學家通用的「辨名析理」的方法去解老更是令人激賞。總之，

不管是那個時代，那個學派，都可因其背景來解老。

　　甚至可因其需要而「解老」。在筆者個人看來，他們都是老學，都是道德經的學者。俗話說：「真金不怕火」，但所謂的真金並非一定指純度百分之百的黃金。道德經中的真義，也只有老子本人來註釋才是百分之百的道德經註釋本。其他則皆無純度的指標可評定。道德經的內涵是超越時空的。其基本原理是不受文明的演變而有所改變的。所以歷代的研究者，他們的研究主張或有不少與您主觀上的見解大有差異，這應該是正常的現象。同樣份量的同質米飯，其科學上的營養含量雖是一致，但不同的人吃下後所吸收的營養量就不一定相同了。同樣的道德經五千言，不同時代、不同學派的人讀後的理解是很難相同的。就是同一個人，不同年齡階段讀道德經都會有不同的想法了。

　　更何況悠悠數千年中的芸芸眾學者。俗話又有言：「瞎子摸象」，雖然各人所述之象大不相同，但他們都沒超出象的範圍，他們所摸確確實實都是象，這是沒人可以否認的。道德經的內涵不像大象一樣的具體存在於某一有限時空，其全貌當然更無法捉摸。如果老子自己都無法把它拼全起來，（老子云：道可道非常道）並清楚的表達出來，吾人後輩小子豈又能自詡已窺道德經之真貌？筆者之所以敢不揣孤陋，提筆作「道德經異述」就是基於「瞎子摸象，所摸皆象」的理念也來湊上一腳。

　　在浩瀚的道德經版本中實在皆有可取之處，只是版本多到無法令人遍取，因此筆者僅以余培林教授所註譯老子讀本（台灣三民書局）與陳鼓應教授註譯老子今註今譯及評介（台

灣商務三次修訂版）二書為底本，這並非筆者獨鍾余和陳兩位先生，而是其書中兼引他家之資料相當豐富，已足夠筆者之所需，筆者需要的不在某人的某種見解或某種註解，筆者要的只是較完整的經文，上述二書即可以提供許多不同時代的不同版本的資料。

　　本文的寫作不是做為學術研究的文獻，本文也不是現今流通的「勸善」性的善書，本文純粹是筆者經數十年來窮達困順歷鍊後，對道德經哲理的觸發。因為這是觸發出來的東西，所以沒有必要完全吻合老子的本意，筆者不能代表老子，更不敢代表老子來宣揚他的思想。本文雖以老子道德經為骨幹，但已非老子之道德經，而是筆者如意居士之如意道德經。本文並未計畫出版成平面書籍，有緣者或可藉助電腦看到它，如果是這樣，則請有緣人如自己之意地去閱讀它。筆者不要求有緣人的認可與肯定，筆者希望的是讀了如意道德經之後也有所觸發。觸發出屬於讀者個人的新東西，因為只有新的東西才是時代的產物，才合乎時代的需要。這也就更能顯出「老子不老」「道德經是真經」。「道」不就是「苟日新，日日新，又日新」嗎？

　　本文因為不是學術文獻，所以沒有嚴謹的學術紀律。因為不是「善」書，所以不拘於倫理道德。本文也不是科學著作，所以雖有附會科學，但不必以實驗去驗證。筆者雖有宗教信仰，但也不抹上太濃的宗教色彩。本文只像是一顆小石子，投到您的心湖裏，筆者不在意激出了什麼樣的漣漪，只願如您之意吧了。

　　道德經五千言中所悟的哲理大多非常抽象不易把握，老

子似乎很努力地想要讓人們了解他的意涵，所以盡量地比喻或較具體地描述。但言語道斷，文字障蔽。語言文字都不一定能把人心中的意思表達清楚了，又那能描述「玄之又玄」的「道」呢？所以五千言中有不少「同出而異名」，或「同名而異意」，例如「萬物」一詞不論在道德經的古本今本，都出現過二十餘次，「聖人」一詞則出現三十餘次。筆者個人不認為老子書中「同詞必同義」，「同字必同義」，在老子的時代文字的總數比今天少得多多，所以字的含義必較廣才夠用。詞彙也一樣，在不夠用的情況下，一詞多用是最好的解決辦法，可惜的是清代以來的訓詁考據雖大大有成，然尚無法巨細靡遺地掌握所有古文字的意涵。所以筆者在讀道德經往往要「神遊於物外」。慶幸的是中國文字的形與音最具想像空間，筆者少年時朗讀道德經就常醉遊於其聲韻了。及長，每每仔細地觀察大自然，藍天白雲不再只是藍天白雲。心裏想著的是，天何以藍？雲何以白？在惡劣的天氣時，天又何以不藍了？雲何以變黑了？平時的鳥叫蟲鳴，又為何在變天的時候都靜默了？當閃電劃破了天際，巨雷轟嗡了耳朵，心裏想的是平日晴空萬里，空無一物。天氣一轉變那來那麼巨大的能量產生劃破天際，照遍曠野的閃電。這雷霆萬鈞的巨雷，又何以能一個接著一個撼動山岳，響徹天邊？在雨若懸河地下過之後，天空不久又是藍天，又飄著些似絮的殘雲。這是誰的力量？是何人的意念呢？當筆者發現一隻小螞蟻，居然爬到了三尺高的檯面，搬著一塊體積與其略等的餅屑。筆者不會討厭地拿抹布將它除理掉，而是想著那麼細小的螞蟻，如何知道相對於牠是千層高樓的檯面，有可供牠飽腹的餅屑？牠那

纖細的身軀，又那來那麼大的力量搬動可能比牠還重的東西？當筆者登上了黃山，如畫的景致在眾人驚嘆大自然之美妙聲中，筆者眼睛聚焦在一棵長在光禿禿巨石縫中的老松，它的蒼勁，它的生氣不禁令人墜入無止境的沉思中。在嗅不出任何水氣的禿石上，如何孕育出這麼一棵年庚無考的老松？孰令致之？

　　當筆者進入了西藏裹著棉襖登上了海拔四九九〇公尺的羊措湖，見清澈的湖水中，魚兒不畏寒地在湖水中優游。這種生命力又是孰與之？筆者無論走到那兒，所見所聞都令筆者讚嘆造化的神奇，都令筆者沉思。早年曾請教學界的好友，「老子一生當中都讀些什麼書？為何後人都不提？」數十年的歲月指尖過，從無人精準地回答這個問題。原來「道在邇，何必求諸遠？」。書，是人類的作品。人類的作品是無法仿冒大自然的作品的，從人類的作品中是無法完全去了解大自然的作品的。然而，大自然的作品何在呢？原來「處處留心皆學問」，大自然的一切就是書，而且才是真正的「萬科全書」，是不用人類呆板文字的「無字天書」。既是無字當然就不需要用肉眼來讀，而必須用心眼來讀。遺憾的是人類的心眼已非盲即昏，早已被慾所蒙，被私所害，被物所蔽。原本視野浩邈的心眼已然成為「小心眼」，所以求道者無不問道於盲。哀哉！慶幸的是人的年紀大了，老眼昏花了，反而心眼更明白了。只要積數十年的用心眼讀天書，那麼「條條道路通羅馬」，無處非「道」；無物非「道」。「道」又何須道呢？既知「道」矣，藍天白雲變烏天暴雨，小小螞蟻上高檯，黃山老松生禿峯，羊措高湖魚優游又有何惑哉？條條道路可通羅馬。而一

「道」即可通自然（道法自然）尚有何怪哉？

　　本書就是要藉「道」字貫通五千言。從五千言看浩瀚的宇宙，看芸芸眾生，看花花世界，看古往今來，甚至還要藉以看未來。因為「道」是不在時空內，不在時空外的。可以察過去，可以看現在，當然也可以測未來呀！筆者基於上述之理，就不再贅述「道德經」之註者羣，成書年代，思想體系…等學術界的熱門話題，而逕自從五千言來敘述了。

道德經異述

目　錄

第一章　道可道非常道

道可道，非常道；
名可名，非常名。
無，名天地之始；有，名萬物之母。
故常無，欲以觀奇妙；常有，欲以觀其徼。
此兩者，同出而異名，同謂之玄。玄之又玄，衆妙之門。

異述：

　　筆者孤陋，從未見過有學者討論過本章擺在首章的意義。只見過道德經之所以叫道德經因上篇首章以「道」字開頭，下篇第三十八章以「德」字開頭，將上下篇之首字合而稱之。故曰：「道德經」。筆者以為這不是巧合，而是「為無為」的要從「無」起頭來談到「有」，從「始」講「母」，免得被「先有雞還是先有蛋」的迷惑所困住。先鎖住了母而後子的問題就易於解決了。「無」是「道」之體。「無」不是空無一物，而是不可名狀，無法形容的一種實存。有這個實存，宇宙萬物才有可能，而且是無限的可能。文字中的「無」字，是依據人類感官對環境的感覺而創造出來的一個概念。所以凡是人類所不能感覺出來的情況下皆稱之為「無」。不幸的是吾人對整個宇宙時空能感覺出來的，只有「微不足道」，而且微得無法道。如果以人類的感官去窺測宇宙，用「以管窺天」

一詞來形容恐怕難卻井蛙之譏。所以老子先界定接下來五千言要表述的都只是「畫水無風空作浪」的一幅想像畫。畫中有浪、有魚、有舟、水邊有樹、有人家，但不見風，看畫的人卻都知道畫中的景象是刮著不算小的風。吾人讀五千言道德經，不正如觀賞那一幅想像畫嗎？首句：「道可道，非常道；名可名，非常名。」其重點是在表達，「道不可道，但又不能不道，名不可名，但又不能不名之。」的意念。

　　本來的「道」是盡在不言中的。但人類因逐物而棄「道」久矣！每日聒噪「道」盡不在言中。所以老子不得不道，不得不名。於是道「無」，名「有」。強道之，強名之也。有了指稱詞以後就比較易於敘述抽象的概念了。因此具體的天地與萬物這兩概念就可以搬上檯面來了。本章「天地」一詞在老子書中幾等於是宇宙，它有含相對之意，例如上下、陰陽、善惡等等概念。而「萬物」一詞在道德經中前後出現二十三次之多，其詞義就各章不一了，但在本章中則是凡指人類可感覺得到或想像得到的具體事物。所以「無」為「道」之體，是天地創生的源頭。而「有」是「道」之德，有「德」方能顯其用。顯其用，則萬物出，依其德而萬物育，故曰：「有，名萬物之母」。〈第五十一章道生之，德畜之，物形之，勢成之…。〉老子由不可道的形而上概念，將它拉到可以討論的形而下世界，這樣整部道德經才有可能完成。否則雖說了五千言，還不如無言，或不言。

　　語言文字就如紙筆，不論如何巧手也只能畫出「像」，而不能使像成為其本體。二十世紀初有個偉大的科學家叫愛因斯坦（Einstein Albert, 1879~1955），他用很簡單的符號 $E=MC^2$

來表述一個非常複雜難解的問題。這很類似老子在描述「道」。只是老子用有意涵的文字符號而不是代號。老子在第十四章上說：視之不見，名曰「夷」；聽之不聞，名曰「希」；搏之不得，名曰「微」。此三者，不可致詰，故混而為一。其上不皦，其下不昧，繩繩不可名，復歸於無物。是謂無狀之狀，無物之象，是謂恍惚。迎之不見其首，隨之不見其後。老子又說：

> 道之為物，惟恍惟惚。惚兮恍兮，其中有象；恍兮惚兮，其中有物。窈兮冥兮，其中有精；其精甚真；其中有信。（21章）

> 有物混成，先天地生。寂兮寥兮，獨立而不改，周行而不殆，可以為天下母。吾不知其名，強字之曰「道」。（25章）

以上和愛因斯坦 $E=MC^2$ 的相對論以及後來的量子論，作一比對。竟非常神似，愛因斯坦 $E=MC^2$ 程式中的 E，代表能量，M 代表質量，C 代表光速。能量的本體竟和老子描述「道」性狀那麼地接近。（筆者無意將「能量」等同「道」）在量子物理學中「能量」是一種波，它不佔空間，但它又有粒子的性質。在可「質能」互變的情境下可轉成佔空間的質量。這理論不是由「無」而「有」嗎？在科學的實證中，不是認定能量是不滅的嗎？老子所稱述的「道」不也是永存而且遍在的嗎？更令人驚異的是，量子物理學家在檢測粒子時，粒子好像會有意的逃避。讓人測不準。真是「惚兮恍兮，其中有象，恍兮惚兮，其中有物。窈兮冥兮，其中有精；其精甚真；其中有信。」$E=MC^2$，也正如《老子》說：「有物混成，先

天地生……。」(25 章)E 是 M 和 C 在某種條件下混成的嗎？依「質能」互變的理論，能量應是先於質量而存在。宇宙萬物皆為質量所構成，而質量又為能量所轉變而來。筆者不知愛因斯坦有否說明是誰令能量轉變為質量，也不知有否說明最初是如何轉變的(指過程)。在西元二〇〇六年的諾貝爾物理學獎的得主。(美國科學家馬德爾 JohnC.Mather.和史穆特 GeorgeF.Smoot 共同發表「宇宙微波背景輻射」的研究論文)

　　他們證明了所謂的「宇宙背景輻射」的存在而得獎，他們認為這種輻射波，在宇宙中分佈有微小的不平均，於是密度高的會吸納周邊的能量，再由於能量的集中變動而天體得以誕生。筆者沒有深入去研究相對論和量子論，無法更清楚且深入地來討論這方面的問題，僅就筆者粗淺的知識，與老子的「道」作個比對。不妥之處想必難免。

　　老子將「道可道非常道」擺在首章，其用意筆者不敢妄加揣測。但從本章中的幾個關鍵概念 —— 無、始、有、母、妙、徼、玄、以及「眾妙之門」看來似乎是有意的安排，筆者直覺的想法是「首章」有如今人之著作中的「緒論」或「前言」。在老子「道」字的意涵中根本就不是語言文字所能敘述的。據史記·老莊申韓列傳記載，「老子修道德，其學以自隱無名為務，居周久之，見周之衰，迺遂去。至關，關令尹喜曰：『子將隱矣，強為我著書』於是老子迺著書上下篇，言道德之意，五千餘言而去。莫知所終。」

　　如果史遷所記為真，那麼老子是被關令尹「強為著書」。因此「道」雖不可道，但既強為之，也就非道不可了，老子在「畫虎畫皮難畫骨」的情況下先開扇門，就開了這扇「眾

妙之門」。此門之鑰就是無、始、有、母、妙、徼。從形而上無邊無際之「道」的本體「無」，為起始點，然後拉到形而下的萬物之母的「有」。在「常無」當中，來看它無限的可能性以悟其妙處。在「常有」中，來看它創生萬物的廣袤邊際。儘管「常無」「常有」名雖不同，但都是出自對「道」的描述，所以都是「玄之又玄」的幽微深遠而無極。

　　何以是幽微深遠而沒有止境呢？這「道」創生了「萬物」，沒人知道萬物到底多少？而萬物的存在，各有其人類無法完全瞭解的本領 ——「德」。在前言中，黃山老松可以長在乾禿的巨石上其德非妙者何？螞蟻可覓及桌面上的餅屑，且搬回其穴，其德豈非妙不可言？如無其德，萬物將何以得畜養如母之育子？由此以觀其徼，知「常無」「常有」是往下五千言，論述宇宙人間玄妙奧理的唯一戶牖。所以「常道」既「常無」又「常有」。既有「無限創生的可能」，又有「無限畜養」的能耐怎麼不「玄之又玄」呢？

　　老子的哲學體系盡在「道德經」一書，而「道德經」的軸心就在「道」字，整部「道德經」就是由「道」字串起來。「道」先創生了天地，天地覆育了萬物，而人在其中。有學者認為：老子思想的形成是先有政治論，後有人生論，最後才有宇宙論。筆者無意駁斥任何對老子哲學的主張，筆者只覺得既然老子是為關令尹「強著書」，如只論及宇宙而不及人事，那麼何益於關令尹？何況「道」是無所不在的。以關令尹經驗所及的人生問題和政治現實面，來點出「常道」和「非常道」。這樣，雖然「道」是不可道的，但吾人只要細心體會則可以「思過半矣」。

第二章　天下皆知美之爲美

天下皆知美之爲美，斯惡已；皆知善之爲善，斯不善已。

有無相生，難易相成，長短相形，高下相盈，音聲相和，前後相隨。

是以聖人處無爲之事，行不言之教；萬物作而不爲始，生而不有，爲而不恃，功成而弗居。夫唯弗居，是以不去。

異述：

　　「道」是無善無不善，是無美無惡的。美醜善惡，這是人類的價值判斷。當人類心中存著美醜善惡時，就已起了分別心。而分別心正是自我中心主義的濫觴。也是紛爭的開始。不但對美醜判斷的標準有爭議，認為美善的就想據為己有，據為己用。如此怎不落得你爭我奪？所以說：天下的人起了認為美醜的心，那麼就糟糕了。天下的人都起了善的批判標準，那麼就有被判為不善的了。這都是起於人心，都是「有為」，大道隨順自然那有美與不美，善與不善的分別呢？人看人長得五官端正，眉目清秀就認定是個美人而喜歡他。但麋鹿見了會躍足而奔，雀鳥見了會振翅高飛。人類認為美，而鳥獸見之而懼，豈不怪哉！

　　大道創生了萬物，形形色色，皆無偏私。都稱為「有」。「有」就是存在。能存在必有其德。所以萬物的存在，就因

其德「玄同」。而人類起了美醜善惡的分別心後，就千歧萬異了。相互對立的事就沒止境的出現了。心中存著「有」的念頭，必定也會存著「無」的念頭。（此之「有無」非第一章經文中之「有無」。此處之「有無」指的是人類心中的判斷結果之概念。）人心起了難的概念，就會起了易的概念。相對的概念皆因為人類的分別心，將事物比較的結果。長短、高下、前後等概念的產生無不如此。所以一個以「道」為心的聖人。（經文中云：「是以聖人處無為之事⋯。」中之聖人，實是指「大道」而言，將「道」人格化，而非真有這種人。）是不存有分別心，不存有好惡心，一點私意也沒有。一切隨順自然而為、而作。毫不表示意見，也不下指導棋。

萬物隨順自然而生而滅。萬物繁衍，品物流行，大道也不離不棄。人類認為美善的事物，大道不會據為己有，人類認為創生萬物是無限困難的事，大道也不恃其能，不居其功。也就因為大道不恃其能，不居其功，所以萬物仍隨「道」而流轉不息。「道」也以「性德」存在於萬物當中。所以說：「是以不去」。

這一章是承接第一章「無名天下之始，有名萬物之母」而說。美善是人類對某些事物之「名」，這不是「常名」。所有對立的名，都是人類起了分別心之後，為之命名的。人類所命名的，就不是「常名」，就不合「道」。本章是為往後的各章做個伏筆，暗示著「道」是遍在的，是不離棄人類任何的價值判斷的，不論是人類多鄙視的事物，都有「道」的存在，都與「道」並存。在政治議題上不因堯舜而存，也不因桀紂而亡。本章經文「是以聖人處無為之事，行不言之⋯。」以下是為往後各章所述劃一範疇。要人們在討論後七十九章

時不要忘了最後都要以這一範疇去檢視一下，否則形而上的「天道」就落入了形而下的「人道」了。

第三章　不尚賢

不尚賢，使民不爭；不貴難得之貨，使民不爲盜；不見可欲，使民不亂。

是以聖人之治，虛其心，實其腹，弱其志，強其骨。

常使民無知無欲。使夫智者不敢爲也。爲無爲，則無不治。

異述：

　　上一章是由比較抽象的概念 ── 美醜善惡，而及於較具體的高下前後等相對概念來述說，本章則直指較具體的人間事來論述。但還是承接著上章「道無分別心」有分別心的是人，人間許多違反大道的事，都是由於分別心。人心中存在著「賢」的概念，就會同時出現「不賢」的概念。

　　人心中存有「賢為尚」就同時存「不賢為鄙」的概念。不論賢字指的是多財，還是多才。只要不以「常心」來對待，就必起爭端。尚賢是有為，「不尚賢」雖然也是一種「為」。但卻是「為無為」。「不貴難得之貨」「不見可欲」。都是「為無為」。只要存一絲偏頗的心都是「有為」，就會有爭端。要息爭、止盜、治亂就是不可動心起念。人世間最大的禍首亂因，就是名利財色。人往往為爭名奪利，鬧得你死我活，為了達到目的，任何手段 ── 偷盜、燒殺、擄掠那樣做不出來？

　　本章在延伸前兩章。由創生天地的「道」開頭，再縮小範圍到人世間的「天下」，本章再聚焦在人群中的「聖人」，

第二章雖然提及「聖人」，但筆者將他視為「道」的人格化，並非實有其人。而本章所言之「聖人」，則是老子心目中理想之「聖王」。但不一定是政治上的君王。也可以是一個族群當中之德高望重者，其人格足為眾人之楷模者。這種人，動見觀瞻，他不推崇名位，人民就不會為名位而爭，他不看重稀有財貨，人民就不會為佔有稀有財貨而為偷為盜。他不熱重名位財貨的追求，人民的心就自然單純而不胡思亂想。所以真正一個體道的「聖王」，他所表現出來的化功，是放空心思，但求溫飽，不存名利財貨的欲念。降低企圖心，增健筋骨以適應純樸的生活。這樣百姓就不會挖空心思去追求名位和物欲。能這樣的話，那些腦筋較聰明較有知識的人就不敢詐偽了。人人都隨順自然作息，社會就沒有不平靜祥和的了。

　　上古時期，人與天爭，與洪水猛獸爭。人與人不需要勾心鬥角，不需要巧詐做偽，但是還是需要有生存的本領。因此不可以「愚民」，不可以「絕欲」。如果刻意的「愚民」又「絕欲」，那麼就是最大的「有為」。吾人讀老子不可因「常使民無知無欲」這句話，就斷定老子思想是「愚民和絕欲」。「常使民無知」就是「常使民虛其心」。「常使民無欲」就是「常使民弱其志」罷了。也可以說「無知」即「不尚賢」，「無欲」即「不貴難得之貨」。因為「賢」和「欲」都不是「常名」，不是放諸四海皆準的概念。例如一個臣子很會替國君斂財，國君稱他為賢臣，百姓則稱他為酷吏。一個人肚子餓了，看到食物流口水，這是正常的食欲，但一個已吃的很飽的人，看見更美味的食物，還想再吃，就是貪欲。凡是沒有標準就有紛爭，有紛爭必亂，這是很淺顯的道理。

第四章　道沖而用之或不盈

道沖，而用之或不盈。淵兮，似萬物之宗；〔挫其銳，解其紛，和其光，同甚塵，〕湛兮，似或存。吾不知誰之子，象帝之先。

異述：

　　吾人對昔日關令尹求老子著書給了怎麼樣的環境，老子費了多少時間來完成道德經之寫作全無所知。當時是老子口述再由他人紀錄？還是老子提筆親書至今也沒定論。筆者只覺得，老子先從宇宙最源頭的「道」開始談，但亦未作詳細之說明。只說「天地」由此而始，「萬物」由此而生。說「道」是「玄之又玄」的，是「眾妙之門」。接著打開該「妙門」開始鋪陳「眾妙」。先是由「天下」這個常人較有具體概念的事物，來說明絕對的「道」產生了相對概念，（道生一，一生二，二生三，三生萬物。）── 美、惡、善、不善、高下、音聲、前後等等。接著點出人類之所以紛爭，民心之所以紛亂的癥結所在。並提出唯有體道的聖人來做為人倫的表率，才是治癥結的良方。

　　至此不可道的「道」，還是令人覺得「霧灑灑」而不只是「玄之又玄」。或許因此老子又回頭來對「道」再次的描述。他說：「道沖，而用之或不盈。」──「道」是空的，雖然空卻妙用無窮，像盅因為中空，所以才能用來盛東西，如果不中空，則無法裝東西了。所以「空」的妙用是無窮無盡的。

老子又說「道」,「淵兮似萬物之宗」——「道」像萬丈深淵一樣見不到底,寂靜得令人屏息,但其中卻孕育了千千萬萬的生命,為萬物所歸依。(筆者按,「道」是不可道的。但可以用比喻的方法讓人自由想像參悟)。

「道」就是天地、天下、聖人、庶民及有生命的或沒生命的一切「物」所歸依。在第二章有云「萬物作焉而不辭,生而不有,為而不恃,功成而不居。夫唯弗居,是以不去。」此段中「是以不去。」就是「道」與萬物是不離不棄,萬物都歸依於「道」的意思,亦就是「萬物之宗」的註解。至於「挫其銳,解其紛,和其光,同其塵」四句,在第五十六章又重置。其出現在本章是否因錯置,則帛書甲、乙本均有此四句,如為錯置則早已形成,今暫不論之。「淵」是由具體的物像來形成概念。而「湛兮似或存」。的「湛」字則是抽象的概念。

此句中用「似、或」兩字,本章首句亦用「似、或」兩字就是要吾人拋開文字障,免得「以文害道」。對於抽象的概念,用「似、或」這樣的疑詞,會給讀者更大的想像空間。回想一下,在第一章筆者曾提及愛因斯坦(Einstein.Albert 1879~1955)的相對論 $E=MC^2$,能量 E 不也是「用之或不盈」嗎?愛氏也未說明自何而來呀!但卻表示了能量轉變成質量的可能。

這不似與老子說:「吾不知誰之子,象帝之先。」嗎?今日的宇宙學證明了太空中並非真空,而是充滿了能量。滿滿的能量是以不佔空間的波的形式存在著,但又像是有粒子的性質。沒有人知道從何而來,也不知已存在多久了,但可以肯定的是早於天體的存在。老子講的「道沖」究竟是否就是虛空中的波態能量,筆者無證據,姑且存而不論了。

第五章　天地不仁

天地不仁，以萬物爲芻狗；聖人不仁，以百姓爲芻狗。天地之間。其猶橐籥乎!虛而不屈，動而愈出。多言數窮，不如守中。

異述：

　　本章文字不多，近代各家譯成白話文亦很簡潔，但筆者總有說不上來的感覺。吾人將本章開頭「天地」兩字，與末尾「守中」兩字聯想一下，「天地」始於「無」，（第一章:無，天地之始）而末尾「守中」。歷來注家或有注爲「道要」，或注同「沖」。但都不離「虛靜」之意。虛靜就是指「道」，也是對「無」的描述。因此本章之旨，筆者以爲是教人要知「道」，進而體「道」，再進而悟「道」，又進而守「道」，到這一境界才可稱爲「得道」。所謂得道，不是宗教家所稱的「羽化升天」，或「成佛、成神」。而是與大自然契合，與「道」契合之意。

　　到這一境界之人「萬物齊一」、「眾生平等」成敗生死皆任自然。<u>莊子</u>云：「適來，夫子時也；適去，夫子順也。安時而處順，哀樂不能入也，古者謂是帝之懸解。」《<u>莊子養生主</u>》又云：「且夫得者，時也，失者，順也；安時而處順，哀樂不能入也。此古之所謂懸解也。」《<u>莊子大宗師</u>》有些相當著名的<u>老</u>、<u>莊</u>學者認爲「天地不仁」意指天地只是一個物理的、

自然的存在，站在唯物的角度來立說或可通。但筆者不明白的是，人類的愛恨情仇、哀樂好惡等是否不存在宇宙中？是否不包含在「萬物」中。人是天地間之一物，而在人身上可被發現的情狀現象，硬說非天地間之事物，且把人類的感情，視為非「道」所出。是否「道」只創造物理世界？再由物理世界創出生命來？最後才由生物莫名其妙的產生了各種情緒？老子云「天地不仁」而沒云：「天地無仁」，這應有差別吧！「不仁」並未否認「意識」的存在呀！譯成白話「天地無所偏愛」此話也看不出天地是無「意識」的。否則接下來老子云：「聖人不仁」不是也等同無「意識」的嗎？簡單地說：「沒意見」不能判定是沒有表示意見的能力。所以「天地不仁」如果解成：「天地」指的是自然之道，譯成白話：「大自然的運作，不會像人類只講求『人』道」。人類只站在人的角度看外界，天地則是宏觀地看待大自然，萬物是大自然所生，芻狗之材料亦為大自然所生，天地有何理由偏愛？而且芻狗難道不是萬物中之一物嗎？千古以來注釋道德經，硬在有神論或無神論上打轉，就是老子復起亦不能有定論，因無神論者根本就不會承認老子可以復起。筆者孤陋，筆者認為「仁」這字在老子與傳統儒家的概念中其含義不一定全同，也沒有必要全同。（「道可道非常道，名可名非常名」故也）「仁」字從字形來看是「人與二」的合體，那是否意指著二個人之間的平等和諧的對待關係呢？

儒家著重人我二者間之關係，老子如站在天地萬物一體，來使用「仁」字，則「天地不仁」就可解成「天地是沒有分別心的」（沒有人我之分、沒有美醜、前後、高下之分）

天地以萬物與芻狗為一體那來偏愛？體道的聖人，也把百姓和芻狗一體同仁，也不偏愛。沒有你我之分、沒有族群之分、沒有地域之分，一切任憑百姓自生自滅。（此借用蘇轍「天地無私，而聽萬物之自然，故萬物自生自死。死非吾虐之，生非吾仁之也」。）

「天地」不必「仁」，天地就像個大風箱似的。「仁」有時而盡，如齊宣王之以羊易牛《孟子梁惠王上》。而風箱中看似空虛，其出卻是無窮無盡。「道」不就是看似空虛，卻是無窮無盡，「道」創生萬物愈生愈多，生生不已。為政者當效法天道的不仁與虛靜，否則政令煩苛百姓無所適從，只有加速政權的敗亡罷了，因此不如抱守著虛靜的大道，這或許是老子對人君要傳達的重要訊息吧！

第六章　谷神不死

谷神不死，是謂玄牝。玄牝之門，是謂天地根。緜緜若存，
用之不勤。

異述：

　　在前言中，筆者就指出，道德經使用的文詞，不可以字
面的意義來解讀，否則被文字所障，將言語道斷。本章一開
頭「谷神」兩字一疏忽就會誤為「神名」。有如列子愚公移山
故事中「操蛇之神聞之，懼其不已也，告之於帝。」《列子湯
問》列子書中「操蛇之神」是神名，指山神而言。老子書中
在本章的「谷神」兩字，不但不是一位神名而且兩字還得分
開來看。與其說是名詞，還不如視為形容詞來得恰當些。老
子所言之「道」是無法具體的說清楚的。只能用形容或影射
的方式來陳述。讓見聞者有無限的想像空間，好令其神遊。

　　當吾人見聞到「谷神不死」四字，如在其他的著作中，
吾人大可以解釋為：「山谷的神仙是長生不死的。」但老子五
千言只繞著「道」在敘述，即便是講政治，講人間或論天道
地，其核心都不離「道」字。或許會質疑首章不就已強調「道
是不可道」的嗎？沒錯！「道」固然不可道，但關令尹要老
子「強為我著書。」老子也只能在「道不可道」的情況下「強
為之道」。既然是勉強而為之，也只能設法使用各種譬喻；各

種形容詞來反覆陳述。至於聽聞者能體會多少,也只好隨順自然了。

　　谷神不是神。而是在描述「道」的性德。讀者必須把谷和神分開來看,「谷」是在形容「道」的虛無寂靜。在第四章云:「淵兮似萬物之宗⋯ 。」此句中的「淵」,就等同本章的「谷」,都是用來形容「道」。「谷」用以形容「道」的虛靜,「淵」用以形容「道」的無限生機。「神」字則是在形容「道」的微妙莫測。在第四章又云:「湛兮似或存」。此句中的「湛」字,形容「道」不可見似隱沒,但確確實實遍佈於宇宙,且奧妙難測。「神」字正是表示非人類所能窺其堂奧,而且「神」字代表著無所不能的含意。在中國人的概念中,神是沒有壽限的,所以又代表著永恆的義涵。因此「谷神不死」完完全全是在描述「道」的三種性德。一、是虛靜寂寥之德。二、是微妙莫測之德。三、是永續不竭之德。此三德合而建構「玄牝」不可思議的創生之德。「牝」字原是母牛之意,但是老子將它作為「母」字來用。代表「有」的作用(有,名萬物之母)。「玄」為「想不透,看不清」用來形容「母」字的創生過程,也就是在影射「道」創生萬物無形可見,無跡可尋,「道」無窮無盡的創生能力讓吾人想不透,其過程亦非人類看得見的。這麼奧妙的關鍵就是「無」,就是天地的「根由」(無、名天地之始),也就是不可言說的「道」。它微妙縣密,似有還無、似斷還續、沒有起點、也沒有終點、沒有數量、也沒有限量,「道」的作用是無窮無盡的,「道」的能量也是永恆不竭的。(與今日科學界所謂的「能量不滅」不謀而合)

第七章　天長地久

天長地久。天地之所以長且久者，以其不自生，故能長生。是以聖人後其身而身先；外其身而身存。非以其無私邪？故能成其私。

異述：

在第一章有云：「無，名天地之始。」即言天地是來自「道」的本體「無」，而「無」是沒有開始，也沒有終止的。那麼由「無」所發用而顯現出的天地，當然也不會有開始和終止的，既是無始無終不就是「天長地久」嗎？再者自有生民以來，天地就存在了，沒有人知道天地已存在多久了，老子云：「天長地久」這一個事實也就不會有人質疑。以一個人人認可的概念來進一步的描述「道」的性德，在論述的邏輯上是站得住腳的。鎖定「天長地久」這一個顛撲不破的論據，再來推演其理由，在論述的技巧上是高招，也唯有如此高招，才能將不可道的「道」強為之道。因此接下就能很輕鬆而自然地云：「天地所以能長且久者，以其不自生，故能長生。」這麼簡明的表達了「道」的另一面向 ——「為無為」。「天地之間，其猶橐籥乎！虛而不屈，動而愈出。」（第五章），天地像大風箱，大風箱非為自己，不自營生，空虛但不會窮盡，亦沒有止息的鼓著風，萬物因而生生不息，這就是「以其不自生，

故能長生。」的最好註腳。萬物必寄寓天地、萬物既生生不已，天地何息呢？天地不自生，而得長生的道理就很清楚了。追根究柢，天地也罷，萬物也罷，皆與「道」並存並在的。如果人能體悟天地萬物秉「道」而為無為，那麼只要能忘卻自己，不自營生，一切隨順自然，則雖然不會像天地一樣的長生，但卻有「後其身而身先；外其身而身存。」的效應出現。這不就是所作所為不存一點私心、私意 ——「為無為」的效用嗎？俗語說：「有意栽花花不發，無心插柳柳成蔭。」或許恰可比喻。

　　道德經中「聖人」一詞在全書中有三十二次之多。（余培林新譯老子讀本註為十九次，吾不與焉。見余本第二章注5）老子使用「聖人」一詞雖多，但從未明確地像儒家「言必稱堯舜」，老子既未指名道姓，亦未界定其詞意，歷來註家大都照稱「聖人」，或注有道之士或悟道的人。筆者之前曾提過是將「道」人格化的稱法，但也並非全書數十次之「聖人」一詞都一體適用。

　　在本章中應是「假設」出來的一個理想人物。其目的是要當政者或社會賢達循「道」而為，自能「成其私」。假如一個當政者存心要「成其私」，還夠格稱「聖人」嗎？用「聖人」一詞非「尚賢」嗎？筆者無意強推測老子之意。只是依老子所言，確有不認同當時的當權者的作為，但又深知當權者的所作所為都是要滿足他們的私心與私欲。故提出要獲得「成其私」的目的，最簡單的方法就是「後其身，外其身」和效法天地的「不自生」。果真當權者都能行此道，那麼百姓幸矣！這或許才是老子的最主要期盼。

第八章　上善若水

上善若水。水善利萬物而不爭，處衆人之所惡，故幾於道。居善地，心善淵，與善仁，言善信，正善治，事善能，動善時。

夫唯不爭，故無尤。

異述：

　　宇宙最根本的「道」，本來也沒有「道」這個名稱，雖然「道」實存於宇宙中，但不是人類任何語言文字可以表述得出來的。語言文字是人類進化到某一程度後才創造來的。人類沒有文字的年代，比有文字的年代，時間長過不知幾百萬倍。地球上出現人類至今的時間，也沒有人確知是地球在宇宙中誕生的幾十千百億分之一。然而那個時代，「道」就已存在，何以知之？因為「道」創生了宇宙，創生了地球（天地）創生了萬物，在幾百萬年前才創生了人類，今天的人類都說不清楚百萬年前的老祖宗了，那能說清楚宇宙的老祖宗呢？但，「道」確萬古常在，萬古常新的存在著。

　　「道」對萬物「生而不有，為而不恃，功成而不居。」（第二章）「萬物恃之以生而不辭，功成而不有。」（三十四章）所以萬物無能名焉。人類無法正確地說清楚「道」之為物，又何足怪哉？老子既然要「強為著書」，就只能用一些人

類經驗界之事物或概念來闡述。因此之前用「無」、「沖」、
「淵」、「橐籥」、「谷」等等人類熟知的辭彙，來比喻「道」
的某一小部分類似的性德。但畢竟人類的辭彙太微不足道
了。在第六章用「谷神」，本章則更具體地用「上善若水」的
「水」字，水之為物眾所熟知，以吾人熟知的事物，來比喻
一無所知的某一事物，則雖或人人所曉喻的不一定相同，但
大致上會有一個較具體的輪廓，當吾人對某一事物有了較清
楚的概念時，再以此概念來應用到人事上。本章就是以水玄
妙無窮之德，來點出「道」的性德類似處（幾於道），再提醒
人們要行事無怨無尤，就必須效法水之「利萬物而不爭。」
又常「處眾人之所惡」，這樣吾人的行事也就能「幾於道。」
「故無尤」了。

　　在本章中「善」字其義極深，非僅指「善惡」相對的善。
進而有隨順自然，玄妙莫測之奧義，水何以稱善？它隨順自
然盈科而後進，其常處下，遇冷則凍結，遇熱則氣化，注之
圓則圓，注之方則方。不避卑濕污濁，故水之稱善非僅其益
於萬物而已。（本章「萬物」一詞指生物而言，非泛指天地所
有之物，否則水亦為萬物矣！）

　　吾人當如何來效法水，類似「大道」的性德呢？首先就
是要常處善地，所謂善地是指「非人人爭著要的地方或職
位」。吾人短視近利，不知「禍兮福之所倚，福兮禍之所伏。」
（見五十八章）的道理，往往不擇手段地爭著眼前之小利而
罹禍。這就是不知何為善地而處之的結果，所以「善地」不
只是一個空間或地位的優越，而且必須兼顧時間的因素，不
是體「道」的人是無法瞭解的。

「心善淵」是藏心微妙，深沉寂靜，看似無欲無為，但卻是生意盎然，擁有無限的可能，是淵之所以稱善的理由。「與善仁」之仁字，非儒家「親親而仁民」的仁字之含意。（在「天地不仁以萬物為芻狗」章中已提過，在此不贅。）在本章老子以「善」字冠在「地」「淵」「仁」「信」「治」「能」「時」等字上，正呼應著本章首句「上善若水」的善字。所以冠上「善」字的名詞，就與「上善」有微妙之關係。（幾於道）

本來寂然不動的「道」（指上善）落在有道的聖人身上，就顯現在他的居處言行上。聖人所與的是「上仁」，所言的是「上信」，所治理的是「上治」，所從事的是「上能」，都在「上時」才有所行動。所有動靜言行皆合於「道」，都像水一樣地利萬物而不爭，能不爭所以就沒有怨尤。

有學者認為老子用水性來比喻上德者的人格。筆者可以認同。但要說「上德者有居心要處眾人之所惡，他具有駱駝般的精神，堅忍負重，居卑忍辱，盡其所能地貢獻自己去幫助別人。」筆者則覺得與「為無為」或有扞格。水處下居卑，利萬物都是隨順自然，其處下居卑之性，亦可潰堤毀屋，其可利萬物亦可氾濫傷人，因此用「善」字將其性德之範圍界定住。畢竟以水來喻「道」，僅指其某一性德類似而已，可別忘了「聖人常無心」呀！（四十九章）

第九章　持而盈之不如其已

持而盈之，不如其已；揣而銳之，不可長保。
金玉滿堂，莫之能守；富貴而驕，自遺其咎。
功遂身退，天之道也。

異述：

　　「道」是無為無欲的，一切因時因地，隨順自然，絲毫不滲入人類的欲念。天下萬物自生自成，往往在滲入人類的欲念後，反而把事情搞砸了。為避免適得其反，老子一再強調「無為」「無欲」。本章中「持」、「盈」、「揣」、「銳」都摻入了人類的意念，而變成「有為」。吾人如想持之使盈，揣之使銳，那麼將遭致「為者敗之，執者失之。」（六十四章）的後果。「持」就是執持，「道」是無所執持的。「盈」就是盈滿，「道」是沖虛，「用之或不盈」（第四章）的。與其要「持而盈之」不如作罷，免得落得「執者失之」的後果。「揣」是捶打，「銳」是銳利。人刻意地去捶打欲其銳利，往往忽略了「其脆易泮」（六十四章）的道理。銳則易斷，利則易缺，因此是無法長保其銳利的。那不就說明了有為不如無為嗎？「金玉滿堂」就是「貴難得之貨」之表現，因此而盜賊蠢起，如何去保有它呢？當知匹夫無罪懷璧其罪呀！有道者貧賤富貴皆順其自然，不認貧賤為貧賤，不認富貴為富貴，一切境遇，

都能「安時而處順」《莊子大宗師》何咎之有？反之,「富貴而驕」則樹大遭風,物壯則老,此乃天之常道。富貴已屬「可欲」之事,心存可欲,民心豈有不亂？經云:「不見可欲,使民心不亂」（第三章）。民心亂其國將不保,咎由自取吧了。

　　對人而言,「成功」只是階段性任務的完成。對天而言,日中則移,月滿旋虧,是無法長保的。人怎能不交棒而違反天道呢？再者,在「為無為」的思想中,成功不是刻意去求取而得到的,只不過是依循著大道而為,在因緣際會時,得到的一個結果而已。有道者也未必視其為「成功」。根本就不重視它,而想千方百計地去保有它。與時推移,該退即退,該讓則讓,這是順天而行吧了！在第二章云:「功成而不居」。是偏指大道而言。本章云:「功遂身退」是在強調人亦須秉承天道,功成而不居。也唯有「弗居」,「是以不去」。才能與道合一,不離不去。

第十章 載營魄抱一

載營魄抱一，能無離乎？專氣致柔，能如嬰兒乎？
滌除玄覽，能無疵乎？愛民治國，能無為乎？
天門開闔，能為雌乎？明白四達，能無知乎？
〔生之畜之。生而不有，為而不恃，長而不宰，是謂『玄德』。〕

異述：

　　「營魄」一詞，古來註家大多直註為「魂魄」。筆者並非不認同。只是想進一步地具體指出「營」為形而下的肉體，「魄」為形而上的靈魂。「魂」字在中國古人的概念中指附氣的神。而附形的靈就稱為魄。習慣上將魂魄合稱是指人的靈魂而言。在本章中「魄」字應即指靈魂而言。而「營」字在中文的使用中，如用在名詞，則不似魂魄兩字那麼抽象，而是較具體可辨的實體名詞。因此筆者將「營」字看成是指魂魄所駐留的肉體，沒有肉體，魂魄無所依託。而沒有魂魄的肉體稱為「失魂落魄」，現代醫學上稱為植物人或腦死。如果還會走動的軀體，吾人稱之為「行屍走肉」。在中國文化中，「一」字最簡單，筆劃最少，「一」字在中國哲學概念上卻是最複雜而玄妙。本文不在此贅述，讀者可逕自查閱康熙字典與辭海之類之工具書。

　　在哲學上，「一」字是個起始點，也是一個動點。向上可

以累積到無量億萬,將其二分則永無止盡(《莊子天下篇》云:一尺之棰,日取其半,萬世不竭)老子第四十二章云:「道生一,一生二,二生三,三生萬物。萬物負陰抱陽,沖氣以為和。」從此話來瞭解「一」。其實是可以把「一」當作「道」的另一種指稱詞。從「天地之始」到「萬物之母」就是「道生一」。由「無」到「有」只是「同出而異名」還是在「眾妙之門」內。據此「載營魄抱一」就是吾人有形的肉體和無形的魂魄都是自「道」而出,都要與「道」合為一體,不離「道」而存在。以上是本章最重要的一個命題,這一命題所導出的問句「能無離乎?」就變成一個否定的疑問句。其答案只能是否定的。

因此「能無離乎?」其答案一定是「不能離開」。本章自首句起連續提出六個問句。這在老子中是少見的。由於第一個否定疑問句的設定,使得隨後的五個疑問句,都必須是肯定的疑問句。所以,「能嬰兒乎?」答案必是「能」。(以下皆須答「能」)唯有如此,無論有形無形才皆合於「道」。一般老子註家很少討論這問題,大多直接帶過而已。

「專氣致柔,能如嬰兒乎?」中的「氣」字在中國文化中是一個多用途,又不容易理解把握的字。用在抽象的概念時,還真無法說清楚它究竟是什麼?例如孟子所謂的「養氣」、中醫所謂的「血氣」「氣血」。莊子所謂的「御六氣之辯,以遊無窮者。」《莊子逍遙遊》等等。本章中「專氣」或與管子所謂「摶氣如神,萬物備存。」《管子·內業篇》的「摶氣」同義。「摶氣」就是把形而上的氣與有形的氣結聚在一起。前句「抱一」是合「道」,與道合一的意思。此句的「致柔」是

同「德」，同其性德的意思。「柔」是「道」的性德之一。（與道合一，與道同德之意）

　　人在嬰兒時期，無私慾作為。本具的渾沌純樸的天性未失，一切隨順自然，含蘊於嬰兒體內的能量——氣，緊密結聚，毫不渙散。外表看似柔弱，其實隱含著旺盛無比的生機。嬰兒不但肉體的成長迅速，其習性的可塑性也最大，嬰兒如無此性德，是無法快速地發展出適應生存所需要的能力的。（老子常以嬰兒來比喻境界純樸、性德本具之處，除本章外，尚有第二十章、二十八章、五十五章等容後再述。）但當吾人長大後因私慾作為而迷失了秉「道」而來的性德。只要吾人能「專氣致柔」，就能夠像嬰兒那樣保有秉道而來的性德。

　　「專氣」是將本有的能量結聚，不使渙散。「滌除玄覽」的「滌除」，是將後天的，外來的習染與私慾清除，不使侵入。「玄覽」又是何物呢？古來註家訓詁考據的結果或謂覽即「鑒」或「鑑」，都不離「能照知」的先天直覺能力的意思。直言之，即靈明的心智。此心智秉道而來，人皆有之。但受私慾習染所蔽，已不再能體道鑑物。此心智非今日心理學家所謂的智力，智力人人有別。本章所謂的「玄覽」，則是人人等同地秉道而來。可稱其為「心體」。河上公註曰：「心居玄真之處，覽知萬事，故謂之玄覽也。」只是河上公云：「覽知萬事」，筆者將之提升為「覽知大道」。而不只是對「萬事」的小知小見。要體悟大道，就得摒棄巧智，惟有讓心體純淨樸素，才能觀「常無」之妙。也才能觀「常有」之徼。如此何疵之有？

　　「愛民治國，能無為乎？」此句吾人可與第二章「天下

皆知美之為美斯惡已……故有無相生……是以聖人處無為之事，行不言之教。」相參來探討。那麼「愛民治國」其義涵，應不同於儒家或今日一般所認知的。否則不但落入可能產生相對的概念，而且變成了「有為」。這似乎有違「為者敗之」之天則。老子在第八十章主張「小國寡民，使有什伯之器而不用」，對典章制度，持擱置的態度。在五十七章主張「以正治國」且認為「我無為而民自化，我好靜而民自正，我無事而民自富，我無欲而民自樸。」能以正道治國，不添加私欲，清靜不擾民，隨順百姓的自由生活，不去主導國家發展的走向，才是真正的「愛民治國」。所以「無為」就可致「治」，否則愛之適足以害之，治之適足以擾之。四十五章云：「清靜為天下正。」愛民治國當如是。

　　天地生人，即賦與人類得以憑藉而生存的條件。「天門開闔，能為雌乎？」句中的「天門」即為天賦予人的重要生存憑藉，有口鼻，人得以食息於天地之間，有耳目，人得以辨聲色察安危於周遭。然其開闔運作，宜守靜，不可躁進，才合乎「道」。如果口貪美食，又不慎言，那麼可能招致「禍從口出，病從口入」的結果。如果耳耽於五聲，目迷於五色，那麼耳聾目盲有時至矣！「雌」的性德是柔弱守靜，老子常以雌來喻「道」之性德。所以「天門開闔，能為雌乎？」就是肯定地要我們不可悖道重欲，要安靜守柔。才能「營魄抱一」而「無離」大道。

　　「明白四達，能無知乎？」此句筆者參閱各家註本，考據上「能無知乎？」王弼本「知」作「為」。河上公本及多種古本作「知」。筆者據河上公本改。筆者納悶的是「明白四達」

古來註家少有著墨。「明白」一詞在先秦子書出現過八次（恕不列舉）而「四達」筆者淺學未之知也。一般來說，「四通八達」不會將之簡化成「四達」。以「四」字為首構成的詞，雖常有寬廣的詞意。但「四達」很容易令人禁不住要問是「那四達」？畢竟在中文習慣上太少見了。筆者沒有證據，但卻思考著第十五章有「古之善為道者，微妙玄通，深不可識。」一語中「玄通」一詞，在郭店簡本及帛書乙本作「玄達」。是不是「四達」之「四」乃「玄」字之誤。留待考據學者去研究吧！但如將「明白四達」改為「明白玄達」在經義的解釋上，有「善為道者，微妙玄通，深不可識」一段話的加持，應是更勝一層吧。善為道者，能微妙玄通，不就是善為道者，能明白玄達嗎？善為道者「渙兮其若釋，敦兮其若樸，曠兮其若谷，渾兮其若濁。」（第十五章）還仍須用「智」嗎？答案為「能無知」矣！本章最末「生之畜之，生而不有，為而不恃，長而不宰，是謂玄德」疑錯置留待五十一章再論。

第十一章　三十輻共一轂

三十輻，共一轂，當其無，有車之用。

挺埴以爲器，當其無，有器之用。

鑿戶牖以爲室，當其無，有室之用。

故有之以爲利，無之以爲用。

異述：

　　「道」體本「無」，不可道，不可言。然天地自此而「有」，萬物因「有」而生。（見第一章，無、名天地之始；有、名萬物之母。）本章的要旨就在再次地指出「常無」「常有」的妙與徼。「道」體的「無」是「常無」，是不變的。不會因爲「有」所生的萬物之不同，而改變其「常無」之性德。不論是舟車、器物、宮室……雖天地有無限量的物，其發揮作用皆不離其「無用之用」。妙徼就在此。「道」體之「無」是無限的可能性。（能創生天地萬物），但一落入了形而下的「有」，就產生了有限性，且有排他性，因爲「有」已成爲佔有空間的物了。既佔有空間又受制於時間了。

　　因此同一時間「有」不能佔有兩處空間，同一「有」所佔的時間也不能同時擁有兩個空間，這就是「有」的「徼」。這再加上「道體」的「無限可能性」，其所顯現出來的作用就「妙不可言」了。本章僅舉車、器、室三物來說明「常無」

「常有」「有之以為利，無之以為用」的妙徵。這種加乘後的效果，很類似愛因斯坦（Einstein Albert 1879~1955）所提出的 E=MC² 理論。吾人試把方程式倒為 MC²=E。將 M 視為「有」，將 C² 視為「無」，那麼 E 就代表著「妙用無窮」其「妙徵」就超乎吾人的想像了。它就是能量的無限可能性。

　　筆者從一九九二年以來曾三次前往中國陝西參訪古文物。對本章的了解不敢說獨到，但確實特別用心。關於「三十輻，共一轂」筆者於一九九二年去參訪兵馬俑遺址時，其設備與陳列均極簡窳。出土的古銅車殘敗不全，未能完整的看清其結構及造形。等到第三次（二〇〇八年）再訪兵馬俑，雖然訪客比以前擁擠，但展出的古物已整理得可從多角度去觀察它們。

　　早先筆者一直懷疑二三千年前製作的車輪，如何可能裝下三十輻？（筆者純以木質輻條來思考）筆者出生農家，自小即習乘牛車。筆者所見過的牛車木質輪輻，未有超過二十輻者。先秦的馬車，尤其是貴族使用的豪華馬車，為要輕快絕不可能「三十輻共一轂」的。所以筆者早年讀老子，一直認為「三十輻共一轂」另有其他解釋。及至三度親訪秦俑，並特別的仔細地去數秦銅車的車輻。確確實實是三十輻共一轂。而且其整體結構造形都有其特別意義。這對讀老子者應是深具意義的。秦銅車，車身為方型。頂蓋為圓形傘狀，傘骨十二支。圓型頂蓋代表「天圓」。十二支傘骨代表著一週天有十二個月。方型車身代表「地方」。人則乘坐其中。車輪則有三十輻，代表者一週月有三十天。依當時的思想認為人類的一切作為皆要配合天道。尤其是作為君長的人（天子）更

是馬虎不得。所以秦始皇的銅車其製作原則，就必須特別考慮配合天道思想。在老子二十五章有云：「域中有四大，而人居其一焉。人法地，地法天，天法道，道法自然。」從器物的製作也可以想像時人對天道思想的尊崇。與人君法天地的尊貴。

　　筆者於陝西除了細察秦銅車外，並參訪了黃土高原的窰洞，與半坡文化遺址。這對研讀老子本章都有啟示。根據考古學家的研究，認為半坡文化遺址應早於先秦三千年。其遺物中有為數頗豐的「挺埴」器物。包括裝嬰屍的陶罐。那些器物的特色是薄壁中空。尤其那些倒錐型的打水陶罐，為了使容量加大重量減少，無不力求罐壁超薄。雖然或許他們沒有「有之以為利，無之以為用」的哲學思想。但畢竟還是「習焉而不察」的利用了「常無」「常有」的妙徼了。當筆者親自走進黃土高原的民居 —— 窰洞，才對「鑿戶牖以為室」有具體的認知。如果是一般的版築，在夯土為牆時該留為戶牖的地方就預留戶牖了，何須鑿之始為室？原來黃土高原的地形地質都很特別。千萬年來經過雨水的侵蝕切割，形成無數台階形的地貌。百姓只要以簡單的工具不需太多的其他材料，就可在數丈高的台階形黃土壁下，鑿出數丈深的窰洞。其門面的戶牖真的都是鑿出來的。裡面中空的地方就成為冬暖夏涼的好居所。以上這些事物，都是當時人人很容易接觸到、經驗到的事例。老子舉這些例子來說明道體雖無，但大用、妙用卻無窮的道理，不是很容易被瞭解而接受的嗎？

　　天地萬物承道而生秉德而化。人類數百萬年來為生存而演化出的憑藉，選擇了眼睛所見，感官所覺，大腦所思。凡

是眼睛看不見的、感官覺不到的，大腦往往就認為「不存在」。而造成了對「有、無」的執著。於是「有」只局限於人類的感官經驗界。在浩瀚的宇宙間，人類所能親眼目睹的，又是那麼地微不足道。所以對宇宙間所不知的事物，往往就認為不存在，就視之為「無」，殊不知吾人日常生活所必須的一切，不是「有」單方面就能滿足。而是「有」與「無」的交互作用才造就了整個宇宙的運作，也才滿足了萬物存在的所有條件，今日吾人讀這一章，其所談的事物是那麼平常而普遍。但其所含蘊的哲理又觸發了讀者的什麼火花呢？

第十二章　五色令人目盲

五色令人目盲；五音令人耳聾；五味令人口爽；馳騁畋獵，
令人心發狂；難得之貨，令人行妨。
是以聖人為腹不為目，故去彼取此。

異述：

　　前章中筆者言及人類百萬年的演化過程，為生存選擇了以目視為最重要的「德」，再輔以其他的感官，然後再由大腦整合後做出各種反應。如果單純的這一過程並無大缺失，問題是出在人類在生存演化的長河中，同時滋長了一個獨特的「心智」，此一「心智」是人類文化發展的原動力，同時亦隱藏了禍根。這個「心智」亦為大道所創，但卻充滿了對大道的叛逆性。此「心智」為人類所獨具，因而稱之為「人性」。筆者無意在本文中去討論「人性」的善惡等問題。只是在本章的討論中會涉及此問題，不得不先點出其存在，免得突然蹦出來而不知其所自出。

　　人類生存的演化偏向視覺的依賴。對於行處環境的判別辨識，飲食的取捨，甚至求偶的行為，無不唯眼是賴。由於對眼睛賴之又賴的結果，人往往被眼所誤導。不幸的是眼所能及、所能見的範圍不但太有限，而且眼也很容易花、盲、昏、瞶。在本章中討論的主角應是「心智」。原是應由「心智」

來指揮眼、耳、口鼻的。由於人「心智」的偷賴而使得眼、耳、口、鼻喧賓奪主。於是放任眼對五色的追求，放任耳對五音的追求，放任口對五味的貪求。「心智」迷失了，一切行為偏離了為生存所演化而來的基本性德，人的狂亂於焉而生。試想，人類的生存需要五彩繽紛，需要鑼鼓喧天，五味雜陳而後齊備嗎？獲取生活資源的方式，除了「馳騁畋獵」別無他法嗎？人非得有「難得之貨」即無以維生嗎？萬物當中，所有具有生命且會活動的生物，都需要有上述的行為或需求嗎？很多生物在為生存的演化過程中，對色聲味如有必要，「道」都為之備妥。雄禽之羽，公鳥之鳴，走獸之味，游魚之斑，那樣非道之所為之備？既備矣又何企求焉？蓓蕾之香，花瓣之艷，熟果之甜，為植物生存繁衍所需，「道」亦為之備矣。人又何加焉？但當人類「心智」一開，貪欲即生。「心智」與貪欲成為連體，形影不離。非五色不足以悅目，非五音不足以悅耳，非五味不足以饜口，非馳騁畋獵不足以奮其心，非難得之貨不足釋其懷。於是紛爭、巧詐、攻伐、悖亂相繼而起。究其根由，「目」為禍首，誤導了「心智」的走向。「目」成為人類欲望的櫥窗。價值判斷的大推手。人會見獵心喜，見利忘義，見色起淫心。所以老子才會說：「不見可欲，使民心不亂。」（第三章）再進而說：「是以聖人為腹不為目。」在第三章所講的是「聖人之治」的方策。是在「虛其心，實其腹，弱其志，強其骨。」「其」字是指人民而言。所以吾人可以把整段話濃縮為「聖人之治，為其腹，不為其目」。在儒家講的堯、舜之治是大同之治。在老子講的聖人之治，筆者稱之為「大道之治」。大道之治是「聖人不仁，以百姓為芻狗」

（第五章）。聖人之於萬物莫不「尊道而貴德」。一切作為只在「莫之命而常自然」（見五十一章）。如「令人目盲」、「令人耳聾」、「令人口爽」、「令人心狂」、「令人行妨」，則變為「強命之而失自然」。這絕不是老子所說的「無為而治」或「大道之治」。因此老子認為應該「去彼取此」。「去彼」就是去人性當中非生存所必需的「欲」。色、音、味固是人類生存之所必須，然非得多樣化，豪奢化不可。免得失去人類眼、耳、口的本真性德。所以有道之士（聖人）要去之以保本真。

第十三章　寵辱若驚

寵辱若驚，貴大患若身。
何謂寵辱若驚？寵爲上，辱爲下，得之若驚，失之若驚，是
謂寵辱若驚。
何謂貴大患若身？吾所以有大患者，爲吾有身，及吾無身，
吾有何患？
故貴以身爲天下，若可寄天下；愛以身爲天下，若可託天下。

異述：

　　這章古今註家見解歧異很大，幾至南轅北轍。且似乎都
持之有故，言之成理。只是各生於不同時代，無法爲文，互
爲辯駁吧了。往往越晚近的註家，對往昔的註家，批判的更
入骨。先輩學者地下有知又奈何？筆者倒認爲往昔的註家所
提出的見解都值得吾人參考。他們爲後輩提出了不同的思考
方向，讓後人視野、思路都更加寬廣，我們還真該謝謝他們
呢。筆者對本章的理解，也不見得合乎老子的本意。只能說
筆者讀了此章而產生的一些想法，無關贊成或反對何人之看
法。

　　吾人離老子的年代已二千多年，當時人們流行的有那些
諺語格言。吾人無法全知。「寵辱若驚，貴大患若身」，是否
爲當時常聽聞的諺語，很難考究。老子在說出此句時，也沒

明確指出，是引述何人所云。古來的學者對此句話大都認為
是老子引述而來，並非其本人首次提出的說法。筆者以為「寵
辱若驚，貴大患若身。」此話不論是老子所引述或自造。重
點是老子是否認同該話的哲理呢？吾人試將全章分析應可分
成三部分。第一部分先提出「寵辱若驚，貴大患若身」這兩
個命題。第二部分再來討論此兩命題之所以成立的理由。（由
「何謂寵辱若驚？……」至「及吾無身，吾有何患？」）最後
一部分才是老子本人下的結論。

　　「道」是絕對的。不是相對的，「相對」是現象界才產生
的。吾人可試著將「寵辱」代入老子第二章之語法，不也可
看成「天下皆知寵之為寵，斯惡已。皆知辱之為辱，斯不辱
已。」人如因寵辱而驚，其寵辱定是突如其來，非意料中事。
也非日積月累而來。否則何驚之有？寵辱是兩人之間互動中
兩極的兩種態度。不論其為上或為下之關係。在人類社會中，
有些人視寵為不祥，視辱為教訓或磨練。如孟子之所謂「孤
臣孽子」論。但有些人則以爭寵為要務。有些人則以能辱人
為傲，為高人一等的表現。有些人認為「士可死不可辱」有
人則「笑罵由他」。由此觀之，寵辱的價值，端視當事者個人
的權衡。對一般人而言，對別人突如其來的態度，最直接的
反應是「大吃一驚」。尤其是平常人的價值觀中，認為受寵是
無上好事，受辱是避之惟恐不及的壞事。所以在得寵或受辱
時皆會感到驚恐。令人不解的是；老子在解說「何謂寵辱若
驚」時云：「寵為上，辱為下，得之若驚，失之若驚。」既然
寵辱有上下之分。在語法邏輯上何不曰：「寵為上，辱為下，
『失』之若驚，『得』之若驚。」才合乎世人以寵為榮，失之

若驚；以辱為恥，得之若驚的心理反應呢？因此筆者以為是老子居於「道」無善，無不善的角度，對世人得失心做一概括的敘述，而非「聖人」對寵辱有「得之若驚，失之若驚」的反應。古之聖人寵辱皆忘，何驚之有？

　　至於「貴大患若身」的理由，老子則云：「吾所以有大患者，為吾有身，及吾無身，吾有何患？」古來解老者有主張「忘身」、「無身」者，有主張「貴身」、「愛身」者。老子云：「吾所以有大患者，為吾有身……。」這段話不一定要硬性看成是老子的看法。這或許也在陳述當時世人的普遍觀念而已。在世人的心目中「身」才是最真實的存在，「身」不存在了，整個天下都失去了意義。「身」是寵辱禍福的直接承受體。沒了這個承受體，則寵辱禍福皆無著處。然而感到「驚」或「大患」的是「身」嗎？「為吾有身，及吾無身」兩語明顯地可看出「吾」和「身」是兩件事，是可以分開的。只是世人不察，將之混為一體，而產生種種不同的想法或反應。老子對「何謂貴大患若身？」的陳述，是用因果句來表述。「有身」是因，「有大患」是果。這樣的因果命題是否出自老子本意？還是引述世人的普遍看法？吾人在讀老子一書時，一定要隨時回顧前幾章，尤其是第一章。否則會被個人的經驗世界所囿，而「凡事想當然耳」，如此是合「道」還是悖「道」宜深思之。所以老子云：「吾所以有大患者，為吾有身，及吾無身，吾有何患？」此語如是引述時人之語，那麼老子對此語的詮釋，就不一定如吾人之「想當然耳」的去看待了。大道是不可道的，它「似有還無」地存在著。因之「有身」「無身」，吾人不必在「有、無」的硬概念下，來看待老子上述之

語。吾人大可以「似有還無」的角度去看待它。《莊子大宗師》云：「墮枝體，黜聰明，離形去知，同於大通，此謂坐忘。」如果吾人也以「坐忘」去看待「有身」「無身」，這樣的「離形去知」，那麼「寵辱何患之有？何驚之有？」此一境界莊子謂之「同於大通」（大通即大道，因大道通於萬物之間，萬物各個有別，但皆道所創生，皆秉德而存。）有註者引四十四章云：「名與身孰親？身與貨孰多？」及二十七章「奈何萬乘之主而以身輕天下？」等語來認定老子是主張「貴身」的，筆者對此持尊重的態度。只是筆者不願把「貴身」或「忘身」、「輕身」無限上綱。把「貴身」當成珍寶身體或潔身自愛的極端主義者。也不把「輕身」或「忘身」視為「鄙視肉體」。因上述兩者都是有所為而為。都不完全隨順自然。筆者較肯定，當吾人面對寵辱禍福時皆應抱持「安時而處順」（《莊子大宗師》養生主）的態度。如此才能獲得「古之所謂懸解」。（同上）老子是否如是看法，筆者存而不論。

　　老子在本章末段所下的結語「故貴以身為天下，若可寄天下，愛以身為天下，若可託天下。」因前述「有身」「無身」古來註者有歧異，因此在述及老子此章之結語時，又眾說紛紜了。唯一較有共識的是「若可寄天下」與「若可託天下」兩語，大都解為「才可以把天下交給他」，「才可以把天下託給他」。筆者不認為老子有「選賢舉能」的主張。也不認為老子有墨子那種「摩頂放踵」去為天下服務的情懷。筆者另類的看法認為本章有九個「若」字，將它全訓為「乃」那麼「貴大患若身」即可解為「一味地重視己身的給養，乃是入道之大患。」如此與清靜寡欲的思想較契合。

接著再來思考「貴以身為天下，若可寄天下；愛以身為天下，若可託天下」之涵意可得出；以對待己身的態度去對待天下，則己身與天下無別，己身自可暢寄於天下。同樣地以隨順自然的態度去愛惜天下像愛己身一樣。那麼己身就不會自外於天下了。以天地與我為一的角度來看本章。世人不要大「小我」，而應將小我融入大我（天下）最後入於「無」歸於「道」，身與天下齊一，則寵辱憂患不能入矣！

　筆者懷疑老子引述「寵辱若驚，貴大患若身」這二命題，重點不在「寵辱若驚」，而在「貴大患若身」，所以在說明命題的理由後，結語只提「貴身」，而不提「寵辱」。這或許是老子將世人用僵了的諺語，給予新註釋吧。故全章的重點在其結語：「故貴以身為天下，若可寄天下；愛以身為天下，若可託天下。」吾輩研讀此章，似不宜僅在「忘身」、「無身」、「輕身」、「貴身」、「愛身」或「寵辱」這些問題上打轉。重要的是該思考本章老子是在主張「有所為而為」，還是「無所為而為」；是視己身與天下皆為芻狗，或貴愛天下如己身？老子要我們去承擔治天下的重責大任嗎？要我們接受天下的寄託嗎？

第十四章　視之不見

視之不見，名曰「夷」；聽之不聞，名曰「希」；搏之不得，名曰「微」。

此三者不可致詰，故混而爲一。其上不皦，其下不昧，繩繩兮不可名，復歸於無物。

是謂無狀之狀，無物之象，是謂惚恍。迎之不見其首；隨之不見其後。

執古之道，以御今之有。能知古始，是謂道紀。

異述：

　　人類的五官中「口」除了飲食外，是用來傳達訊息。傳達的媒介是由聲波所構成的語言。而語言僅是人類經驗界累積約定俗成而來。在未曾經驗過的事物，或未形成約定俗成的認同上。是沒有可表示的詞語的。由於人類經驗的累積，新事物的不斷增加，使得各民族所使用的辭彙越來越多。但無論現在人類有多少詞彙，還是無法用來描述整個宇宙的事物或現象的。近一百多年來西洋的科學家，陸續發現了許多宇宙的奧密。也造了許多新的辭彙，但許多宇宙的現象，還是說不清楚。聰明的科學家乾脆不用語言符號。而改用另一種非語言符號。那就是所謂的數學方程式。然而還是無法以數學方程式來說明所有的宇宙現象。何況那些數學方程式只

有極少數人看得懂而已。這種看不懂、說不清楚的問題自有
人類語文就存在。所以老子才會在第一章就楬櫫了「道可道
非常道，名可名非常名」。「道」形成了宇宙，創生了萬物，
又存在於萬物，隨著萬物的變化而遷流不息，運行不輟。自
無始以來即如此，短短數千年的人類文明那能道盡呢？之所
以如此，是因為「道」在宇宙萬物中運作。人類雖有眼睛，
但是見不到全貌的。雖有耳朵，是聽不到「道」在萬物中遷
流的聲息。雖有觸覺，但也無法摸到它的存在。老子用「夷」、
「希」、「微」，等文字來表示「道」的某些性狀而已。

　　實際上，「道」是不可名的。是無名相可稱述的。因此「夷、
希、微」這三個名相無法盡致地來描述不可思議的「道」。所
以說「此三者不可致詰」。夷不等於「道」，希也不等於「道」，
微也不等「道」。但「道」用名相來稱述，「道」是夷、希、
微都可以。所以「道」是渾然一體不可分而名之的。任何對
「道」的名相均不足以全稱「道」之為物。「道」沒有表面、
也沒有裏面。看它既不光亮也不昏暗。沒有表面又沒有裏面，
這麼玄之又玄的「道」是不可思議的（繩繩不可名）。那到底
是有呢？還是無呢？莊子書中有段話；「光曜問乎無有曰：『夫
子有乎？其無有乎？』光曜不得問，而孰視其狀貌，窅然空
然，終日視之而不見，聽之而不聞，搏之而不得也。光曜曰：
『至矣！其孰能至此乎！予能有無矣，而未能無無也；及為
無有矣，何從至此哉！』」《莊子知北遊》這段話很適合來解
釋「繩繩不可名，復歸於無物」。老子第一章就聲明了「道」
是不可道的。在第二十五章又云：「有物混成，先天地生……
吾不知其名，強字之曰道。」「道」本來盡在不言中，強為言

之就取個名字叫作「道」。當要仔細地去審視它，「道」是「窅然空然」、「無狀之狀、無物之象」的。「道」無首尾，要迎頭見它，無頭可見。要從後尾隨它，也無尾可隨。「道」是如此不可思議，吾人將奈之何？只要體悟到「人法地、地法天、天法道、道法自然」（第二十五章）這一無始以來的原則，那麼就能應對現在所有的一切事物。能知道亙古以來「道」都隨順著大自然的變化而變化。這就是「道」永恆不變的律則。（能知古始，是謂道紀）

　　本章重點在描述「道」的妙徵。如果德國物理學家海森堡（Heisenberg . Werner Karl 1901~1976）讀到本章，再想他自己提出的「測不準原理」那麼他一定會有相知恨晚的感覺。任何一個量子物理學家讀到本章也都會有「於我心有戚戚焉」的感覺。在此筆者姑且引用西洋哲人拜倫（Lord Byron）的一句話來做為本章的結語吧！「奇妙卻真實；因為真理永遠是奇妙的，比想像還奇妙。」（It's strange but true；for truth is always strange；strange than fiction.）

第十五章　古之善爲道者
（或謂：善爲士者）

古之善爲道者，微妙玄通，深不可識。夫唯不可識，故強爲之容；
豫兮若冬涉川；猶兮若畏四鄰；儼兮其若客；渙兮其若釋；敦兮其若樸；曠兮其若谷；混兮其若濁；孰能濁以靜之徐清；孰能安以動之徐生。
保此道者，不欲盈。夫唯不盈，故能蔽而新成。

異述：

　　道德經五千言，分為八十一章。其論述主軸在「道」字。在八十一章中直接提到「道」字的有三十七章之多。其餘各章雖沒出現「道」字，但其內涵未有離「道」之範疇外的。在第十四章老子極盡可能地以有限的名相，來描述道體的性狀。但還是令人感到「惚恍」而「不可致詰」。所以接下來第十五章，就把不可思議的道，在人身上顯現出怎麼樣的性狀，加以較具體的描述。如此一來，可予世人有較清晰的概念。並進而能「營魄抱一」以達「微妙玄通」的境界。這應是老子著書五千言的目的之一吧！

　　本章首句「古之善為道者」中的「道」字，王弼本與郭

店簡本（甲組）皆作「士」字。帛書乙本與傅奕本則作「道」字。筆者據六十五章云：「古之善為道者，非以明民，將以愚之。」而採用「道」字。在中國文化中往往有今不如昔的概念。如「人心不古」一語自先秦即很流行。在老子書中，凡是提到「古」字，往往都是指合乎「道」的事物。這或許就是在老子之時，老子已感到世人離「道」遠矣！

　　在三十八章老子云：「失道而後德，失德而後仁，失仁而後義，失義而後禮。」應是有感而發。在當時老子可能找不到有「善為道者」。所以只好託古。老子雖託古，但從來不指名道姓。不像儒家言必稱堯、舜。這就是因為善為道者深不可識。「道」本無名，善為道者亦無名，不但無名且無跡可尋。正如十四章所云：「迎之不見其首，隨之不見其後。」如此才能「微妙玄通」。老子也不像莊子那樣編造出許多奇奇怪怪的寓言性名字。老子之所以這樣，不是今吾人更有想像的空間嗎？為了便於導引吾人的想像，老子對善為道者不舉名而只「強為之容」。「道」是「夷、希、微」，無法以感官得知。當『道』落實在人身上時也無法百分之百地描述。也只能勉強地來形容「善為道者」之大致狀態。取一些人們熟知的動物習性、人群的習俗、事物的狀態等來比喻善為道者，讓人們有較清晰具體的概念去拓展想像空間。文中的「豫、猶」是古人習知的獸類。其性謹慎、不莽撞衝動。尤其是冬天河流結冰時，豫獸過河更為謹慎。猶獸在動物群中，會不時地注意四週的情境，深怕四鄰中有突如其來的危險。老子以此二獸來形容善為道者行事猶豫畏縮，絕不躁進，謹慎戒懼不輕忽。以作賓客時的舉止來形容善為道者的拘謹嚴肅。用消融

中的冰來形容善為道者的無牽無掛除情去欲。用未經雕琢的
素材來形容善為道者質樸淳厚。用深山的幽谷來形容善為道
者胸懷寬廣、態度謙下。用混濁的大水來形容他的渾噩無知
的樣子。就以上所形容看來，善為道者似乎毫無用處。

　　老子就要在似乎毫無用處處，點出他的無用乃大用處。
老子云：「孰能濁以靜之徐清，孰能安以動之徐生。」此處的
提問，其答案當然是「善為道者」了。意思很清楚；只有善
為道者能在渾濁動盪中，安靜下來而慢慢的清明。只有善為
道者能在安定虛靜中，慢慢地動起來而展現大道的生機。唯
有善為道者能保有「濁之徐清」「動之徐生」的道理。他不肯
自滿，也因為他不自滿，所以才能「繩繩兮不可名」地去更
新。

第十六章　致虛極

致虛極，守靜篤。
萬物並作，吾以觀復。
夫物芸芸，各復歸其根。歸根曰靜，靜曰復命。復命曰常，
知常曰明。不知常，妄作凶。
知常容，容乃公，公乃全，全乃天，天乃道，道乃久，沒身
不殆。

異述：

　　老子的「道」，其涵義是無法以有限的語言文字表述得淋
漓盡致的。但卻是隨處可見，隨時顯現。人類本身及周遭的
一切事物未能一時片刻地離開「道」的作用力的。可惜的是
人類心智的發展雖也來自「道」，但卻未能體「道」之「根與
命」。古來老子一書的註家，大多認為「人的心靈本虛靈靜默，
因私慾的蒙蔽，與外界的擾動而蔽塞躁動。」筆者則進一步
地要闡明，吾人心靈異於人類之外的萬物。所以其本來空明
寧靜的狀態（見陳鼓應老子今註今譯）只存在於洪荒時期，
那時人類與萬物並存於天地間並無特別。這就是「萬物並
作」。在這時期「夫物芸芸，各復歸其根。」天地之間可以說
是處在「致虛極，守靜篤。」的狀態。但是等到人類的「心
智」發展到可以「觀復」的時期，就丕變為「心靈」。變了「靈」

後，就生出了「巧」。在人類的心智發展到又靈又巧的時候。吾人即不再處於極虛與篤靜的狀態了。筆者推測<u>老子</u>一定洞悉這一演變過程。所以本章一開頭，即提出體道、行道的重點工作在「致虛極，守靜篤」。如果人類不能「致虛極，守靜篤」，就無靈明的心智，去「觀復」。只會在「萬物並作」的天地間，應用其「靈巧」的心智，去巧取豪奪以飽私慾。這<u>老子</u>稱為「妄作凶」。

　　本章的重點是在提醒人們要善用靈明的心智去「致虛極，守靜篤」才能以之「觀復」。從「萬物並作」芸芸眾生當中去發現萬物雖芸芸，最終必「復歸其根」的真理。「根」文字上是指木之本。然在此是指萬物之本。萬物生於「有」。而「有」始於「無」。「無」又是指「道」之本體。所以萬物終歸要返回「道」的本體法則中。而「天法道，道法自然。」因此<u>老子</u>不啻在告訴吾人；勿認為人類的靈巧可以勝天。如果誤以為人類是萬物之靈。不必「歸根、守靜」，只要應用靈巧的心智想要做什麼，就沒有行不通的。其實不然，<u>老子</u>之所以主張「無為」就是發覺人們用「智」而不「棄智」。忽略了「歸根復命」的道理。究其原因，就在未能「致虛極，守靜篤」而使心智失去「觀復」的能力。不能「觀復」就無以知「命」，不知「命」就不知「天」，不知「天」又何能懂自然的道理呢？所以吾人當「致虛極，守靜篤」才能具有「觀復」的能力，而發現芸芸眾生「各復歸其根」的事實，進而明白「歸根復命」的道理。「復命」即為返復道體，這是「常道」的律則。吾人的心智明白了「常道」的律則才是真正的「明智」，而不是「巧智」。巧智是無法知道「常道」的律則，

以至為非妄作，違反自然。如此悖道而為，豈能不被常道的律則所制裁，遭受自然反撲而毀滅？故曰：「不知常，妄作凶」。如果吾人能夠「致虛極，守靜篤」，一定能夠明白常道的律則，明白常道的律則也就是明白自然的法則。而自然的法則是無所不包的，天地萬物沒有不依自然的法則，往復生滅，變動不居的。人何能自外於自然呢？自然的法則就是包天包地，無所不包，所以能一體同仁地以萬物為芻狗而不偏私。其至大至公，才能周徧天地萬物。周徧天地萬物不就是指周徧自然界之一切嗎？而自然界的一切皆由「道」所創生。也唯有「道」能夠「其猶橐籥乎！虛而不屈，動而愈出。」（第五章）地「天長地久，生生不息」呀！一個人如果能夠「致虛極，守靜篤」其實就是做到了「人法道」了。依「人法地，地法天，天法道，道法自然」，（第二十五章）的邏輯推演結果，一個人終身都能隨順自然而「為無為」。不正如莊子所說的「安時而處順則哀樂不能入」，《莊子大宗師》那有「殆」之事呢？

　　老子深知說不清楚，講不明白，玄之又玄的「道」如果不與人生發生關聯，充其量僅是一個空洞又恍惚的概念而已。一定要拉到形而下，落實到經驗界，才對人產生重大的意義。本章就是從「道」體虛靜的性德卻能使萬物並作，又令其各復歸其根的道理，來開示人們，當法道的虛靜性德來過生活，才能「沒身不殆」。

第十七章　太上不知有之

太上，不知有之；其次，親而譽之；其次，畏之；其次，侮之。信不足焉，有不信焉。
悠兮其貴言。功成事遂，百姓皆謂：「我自然。」

異述：

　　人類文化之演進，到老子的年代。社會型態已非常地有組織，政治已相當地制度化，但卻處處顯露「有為」的非自然現象。老子對於當時所有的人為現象與自然之道，一定詳加審視並予比較，而得出了幾種不同的人文景象。在不能免除既有的政治架構下，最好最好的政治架構，是人民沒有感覺其存在。政治領袖能夠體道而致虛、守靜。其領袖地位僅聊備一格，雖有而虛。其愛民治國的手段是居無為之事，行不言之教。以自我的「致虛守靜」為典範，使百姓景從，而凡事各順其性。使人人也能「致虛守靜」地各安其生。所以雖有政治領袖，但從不感覺其存在。老子認為果能有這樣的太平世，才是最最理想的政府。只是理想歸理想，在現實的世界畢竟是不可得的。如果是次一等的政府，其領袖能夠以「寡言」、「少為」來施政。完全以人格來感化人民，以身教來教育人民。讓百姓有如與親人相處一樣的感覺，進而稱譽他親切愛民，老子認為這樣的政治領袖也是不可多得的。最

常見的政治領袖是制定許多的典章制度，刑法規章，層層地框限百姓自然的天性，以逞政府之威，好讓百姓畏服。最糟的政治領袖，是視人民如牛馬一樣地輕踐他們。其結果人民不但不尊重其政治領袖，反而視之如「碩鼠」（詩經）般地侮辱他。何以至此呢？這都因為統治者詭詐欺騙的話說太多了，誠信不足的領袖，人民當然不相信他又何足怪呢？可見會成為最最理想的統治者，一定是「致虛守靜」悠閒無為，知道「多言數窮，不如守中」（第五章）的道理。等到百姓都能依自己的意願，過自在的生活。百姓都會說：「我們本來就是自自然然地生活著的。」

　　一般人如能「致虛守靜」其結果是「沒身不殆」。身為統治者如果也能「致虛守靜」必能如本經第二章所云：「是以聖人處無為之事，行不言之教。萬物作焉而不辭（始）。」的一切皆歸自然。所以就能達到「太上，不知有之」的政治理想了。

第十八章 大道廢

大道廢，有仁義；六親不和，有孝慈；國家昏亂，有忠臣。

異述：

　　本章經文在「大道廢，有仁義」句下，一般通行本與帛書所載均衍「智慧出，有大偽」句，郭店簡本無此句，經陳鼓應考究本章與下章，依郭店簡本所載，同分為三個對等句。從句型與句義看，以郭店簡本較合祖本原貌。筆者持肯定的態度。但衍「智慧出，有大偽」句，亦不致以文害義。在義理的論述上無妨，刪不刪皆可，筆者偷懶而刪之。

　　本章甚短，古來註家著墨亦不多。只是近代的註家，在譯成白話時，往往因求簡練而易誤導讀者有時間先後的想法。筆者年輕時之認知，即以為本章是社會問題演變的歷程。今日的筆者，卻將之視為一個問題的兩個面向。簡單地說，是「相對」出現的現象，而不是先後出現的現象。本章所謂：「大道廢」，大道不是指第一章所提出的「常道」。而是人類秉承「常道」而演化出來的人際關係與社會「價」構。在上古大道未廢之時，人類沒有相對的價值觀，沒有公私的概念，沒有分別心。在當時的社會沒有所謂的仁不仁，義不義的概念。沒有概念就無造字的依據，也不可能有無概念的詞彙。然而沒有相對的行為並不表示就沒有絕對的行為，所以在大

道未廢之時百姓行仁由義，「百姓皆謂我自然」。等到大道廢
了，就是說百姓已不隨順自然地過生活，百姓日常生活中滲
雜太多的人為偏私，大多數的人已不依「常道」來行事，可
能只剩下極少數的人尚依「常道」而行事。那麼依「常道」
行事的這些人，就被冠以仁人義士，其所表現的行為就被稱
做仁風義舉。如果天下所有人都行仁由義，都是秉道而行，
隨順自然而為。那種社會景象叫做「大道流行」。所以如果社
會上出現了敗類，那些未成敗類的，就成為善類。而不是敗
類生出善類。萬物的進化都是由單純變複雜，人的心性也一
樣由純樸而變複雜，人心複雜即為「大道廢」之主因。依此
邏輯而論，不可能出現「大道興，仁義泯」的現象。人類在
自稱萬物之靈後大道就廢了。此處的大道是指人類的「常道」
而非萬物的「常道」。吾人可以去觀察蜜蜂或螞蟻的社群生
活，他們依舊秉道而行，依德而生。「大道」在它們的世界中
並未廢呀！吾人也沒發現有偷懶的蜜蜂或螞蟻，更沒有所謂
的「仁蜂義蟻」。老子是以其所證悟的「道」來檢視古今（今
指的是老子時代）人類社群之各種問題。如果吾人不瞭解老
子的用心而認為「有仁義，有孝慈，有忠臣」都是好事呀！
「大道廢」能造就這些好事，「大道」早就該廢了不是早好嗎？
那就謬誤大了。

　　老子在本章中所要傳達的訊息是老子發現人心不古，社
會競相以巧智為尚。巧取豪奪，偏私貪欲的現象到處充斥。
上位者以權勢愚弄人民，以詭詐欺騙人民。上行下效結果「君
不君，臣不臣，父不父，子不子」《論語顏淵篇》，六親如何
和樂？六親都無法和樂了，社會人際關係又怎能和諧？社會

人際出現了不和，則國家就難免要昏亂了。所謂「昏亂」，即謂「常道不明又無序」。以今日的詞彙表述即為「失序脫軌」。在整個社會國家出現嚴重失序脫軌時，有識之士自然就會站出來大聲疾呼地提倡仁義、孝慈，褒譽忠臣。很顯然地，老子不是說人類的社會，在大道廢棄了之後才產生仁義；在六親失和了之後才產生孝慈；當國家昏亂了之後才有忠臣。筆者無意去揣測老子是否在慨嘆大道廢棄之後的社會景象。但老子在本章之語，確實在描述人類社會文化之演變失去了「常道」而每況愈下。本來行仁由義，父慈子孝是稀鬆平常再自然不過的事，卻因大道被人偽所毀棄，而變得稀有而珍貴。寧不令人唏噓！

第十九章　絕聖棄辯

絕聖棄辯，民利百倍；（絕仁棄義）絕偽棄詐，民復孝慈；絕巧棄利，盜賊無有。此三者以為文，不足。故令有所屬：見素抱樸，少私寡欲。

異述：

　　道德經通行本分為八十一章，看似章章獨立，但老子的思想卻是一貫的。章章之間自有其連貫性。本章仔細推敲，實是接續第十七、十八兩章而為說。甚至可追溯到十六章之前。本章從第十七章「太上不知有之」第十八章「大道廢」的相對角度切入。每況愈下的由「親之、譽之」降而「畏之、侮之」。這都是因為人變得更巧智、更偏私、更貪欲了。為了要對治這些弊病，老子提出根本處方：「見素抱樸、少私寡欲」，而療程中要「絕聖棄辯、絕偽棄詐、絕巧棄利」三絕並進。大道之所以「廢」，都是因為人們普遍提升了巧智，尤其是那些擁有政治權力的人，自以為聖明，而為其深不見底的欲念辯護，巧飾其權謀與詐偽。在此要再次釐清的是「聖」字。中國文化中以儒家的思想為最主要的成分，很多詞彙的涵義往往會落入儒家的思維。尤其「聖」字，在儒家思維中，聖是至高無上的正面用語，但老子的思維中常摘取其中的部分含意。在道德經中「聖」字出現三十餘次，其意涵不可等

同視之。本章中之「聖」字就不是儒家思維中的聖人，也不是本經所云：「是以聖人處無為之事，行不言之教」（第二章）、「聖人之治，虛其心，實其腹，弱其志、強其骨。」（第二章）、「是以聖人後其身而身先，外其身而身存。」（第七章）等等章中老子所謂的「聖人」之意涵。此章中要絕棄的是那種至高無上的超級巧智，指的是那些當權者的權謀巧智，達到出神入化的境界而言。他們用來矯飾其貪欲偏私的辯才，真是足以欺世惑眾。如此的點慧巧智，當然必須徹底棄絕，人民才能免於被詐騙愚弄與剝削。袪除了當權者的禍害，人民才能隨順自然的生活。也就如第十七章所云：「不知有之」、「功成，事遂，百姓皆謂：『我自然』」。邦國之內，能有此景況，其民利何止百倍？

　　本章「仁義」的意涵在老子的思維中是一種人為的德性，而不是由「常道」所流露出來的德性。人為的德性就難免有刻意界定的標準，屬於「有為」的仁義。也很容易被巧智者所竊用。其結果往往穿著仁義的外衣，盡是做些假仁假義、殘害六親，以逞其私欲的壞事。這種有所為而為的仁義，當然不合「常道」。如果能把不合「常道」的刻板仁義絕棄，使人民回復到「常道」的人倫關係，那麼為人子者就沒有不知要孝敬父母的。為人父母者也就沒有不知要慈愛自己的子女的了。當然老子沒有類似孟、荀那種善惡分歧的人性論。老子的孝慈涵意，也有別於儒家的標準。老子是以自然為標準，（此應另為文比較，在此不贅）老子不重形式主義的倫常關係，老子的思想一貫的以自然為軸心。因此「絕仁棄義」是要絕棄「有為」的仁義。絕棄為仁義而仁義的「仁義」。要的

是自然有實無名的仁義。絕非排斥仁義包容凶殘。美其名的「仁義」很容易變為「六親不和，國家昏亂」的原因。唯有回歸自然的「常道」才是真正放諸四海皆準的倫常關係。

　　本章中有兩個「利」字。從文句上看來很容易讓人迷惑。為何既希望「民利百倍」，又要「棄利」？這就是此兩「利」字各「有所屬」。「民利百倍」之「利」字指的是利害相對的利。是趨吉避凶之利。人民的生活不受干擾、壓迫、剝削、欺騙而能自由自在，隨順自然的發展乃是最大的利。而「絕巧棄利」的「利」字則是偏於財貨之利，是「可欲」式的利。此「利」與「巧」是有密切的關聯性。而且和「素樸」又有相對性。未經工匠巧手雕飾的原木或玉石皆稱為樸或璞。樸是自自然然存在的東西。民視之猶「芻狗」而非「可欲」之物。未經彩繪刺繡的白絹就稱為「素」。一經工匠巧手加工，則華麗炫目引人喜愛。素雖不是自自然然存在的東西，卻是普普通通，取得較易的東西，不足以引起貪欲者的覬覦。「巧」是指人為的施作，而且是深具用心思的施作。施作者刻意地要令其施作過的素或樸，成為「可欲」奇巧事物，而爭相地想佔有它。這種把素樸的東西變為「可欲」的財貨之利。才是老子主張要絕棄的「利」。如果一切皆回歸自然，返我本來面目，那麼自自然然存在的東西，普普通通，平淡無奇、取得容易的東西，就不會引起人偷盜的動機，當然也就沒有盜賊了。

　　上述「聖智、仁義、巧利」這三件事，都非純自然而是人為的事。大道無聖，天地不仁，大自然無巧。聖、仁、巧都是人刻意造出來的概念，這種人造的事物都不合「常道」，

無法放諸四海皆一體適用，也禁不起時間的考驗。不同的族群有不同喜好，不同的時代有不同的奇巧事物。時空的不同，人的思想觀念也都不同。因此所謂的「聖智、仁義、巧利」這種人類文化的產物，是不足以垂教百姓，典化人民的。(「以為文不足」之「文」指人類的文化行為，與「質」相對的「文」)那要怎麼去愛民治國呢？那就要讓人民都回歸「常道」(故令有所屬)。歸屬「常道」的性狀。一切都要呈現自然樸素的生活型態，內心則要保持純真無私不貪求的態度，也就是使芸芸眾生「各復歸其根」使百姓皆能「知常」，而過著符合自然的生活。這不就是第十章所云：「知常容，容乃公，公乃全，全乃天，天乃道，道乃久。」放諸四海皆準，置諸千古而不易的道理嗎？

　　本章中「絕聖棄智」、「絕仁棄義」乃道德經通行本所載。考諸郭店簡本則作「絕智棄辯」與「絕偽棄詐」。筆者在前述中均依通行本為素材。此非筆者否定郭店簡本之文獻。而是筆者認為「辯」乃出於「智」，而智有高低。智之出神入化，非常人所及者謂之「聖智」。出自「聖智」之辯謂之「巧辯」或「雄辯」。此乃為政者權謀、偽詐、欺民之利器，亦為亂之所由生。為政者以之禍國殃民，處街市者以之惑眾圖利。「大道」之廢於焉現也。又筆者未述「絕偽棄詐」而代之以「絕仁棄義」，乃認為「智辯」與「偽詐」是互為表裏。無巧智豈能詐偽？無巧辯欺詐何以得逞？筆者竊認為以「絕仁棄義」在論述上較能呼應「孝慈」的倫理道德訴求。再者，舉「仁義」為例來論述「偽詐」的弊病，即足以舉一反三地瞭解「偽詐」必須絕棄的理由。天地自然形成或出現的事物都是真品

或真象。而人類刻意，甚至可說是積心處慮設計施作出來的事物，往往真偽難辨。「仁義」是人類文化演化到悖離「常道」之後的抽象產物。其真偽或標準容易被「智辯」之徒操弄，而偽詐大行其道。以上是筆者對本章〔異述〕的補充說明。

第二十章　絕學無憂

絕學無憂。唯之與阿，相去幾何？美之與惡，相去若何？人
之所畏，不可不畏。

荒兮，其未央哉！

眾人熙熙，如享太牢，如春登臺。

我獨泊兮，其未兆，如嬰兒之未孩；

儽儽兮，若無所歸。

眾人皆有餘，而我獨若遺。我愚人之心也哉！沌沌兮！

俗人昭昭，我獨昏昏。

俗人察察，我獨悶悶。

澹兮其若海，飂兮若無止。

眾人皆有以，而我獨頑且鄙。

我獨異於人，而貴食母。

異述：

　　上兩章老子談的是「大道廢」後的社會現象與補救的方
策。而本章則轉而描述「大道廢」後，人們追求榮利物欲，
而悖道棄德的心態。再以一個得道者的口吻來表述，有道之
士的心境以為對照。最後再點出其最大的差異來自：「我獨異
於人，而貴食母」。然而眾人何以會悖道而行呢？最主要原因
是「學」。「學」又是何義呢？它有兩層意義。一為仿效，一

為覺曉。由於仿效的學習成果進而為覺曉的創新。因仿舊創新的連鎖反應而累積了知識。知識一普及，則民智競開。知識儼然成為人群爭生存的利器，尤其成為追求物欲不可缺的利器。在人群中有「競」有「爭」，「大道」豈有不廢之理？百姓豈能安詳無擾？老子為對治此問題而提出的方策是「絕學」。既然人類毀棄「大道」的主因是「學」，那麼來個釜底抽薪的方法，不就可一勞永逸了嗎？因此老子在本章之首，先提出論點「絕學無憂」。（有學者主張這一句應置於前章句首，吾不與焉。）然後再正反兩面地來闡述，民智大開後一般世俗大眾，表面熱鬧內心不安的心態。以及有道之士無知無欲的景況。「絕學無憂」的「憂」字，有作同擾字解，有作憂愁解。筆者認為皆可各圓其說。作憂愁解，則全句其大意就是「絕棄知識的追求，就能隨順自然無憂無愁的過生活」。作干擾解，大意為「絕棄知識的追求，就能不受『可欲』之事物的干擾，而過其淳樸的生活」。上述兩說，何者為勝諸君可各取所好。

　　在華夏文化中，有所謂的輩分倫理與階級倫理。在不同輩分或階級的互動中，連對話的語氣都有明顯的區別。下對上的應對必須唯唯諾諾，而上對下則可漫不經心地阿阿以對。唯唯諾諾以表對上的尊崇，「阿」則表示自身地位的尊貴，或對下的不屑與輕蔑。因此「唯之與阿」引申有榮辱、貴賤之意。「美之與惡」亦由榮辱貴賤延申而來。「美」與「惡」筆者皆以動詞看待它。「美」是讚美，推崇，或錦上添花的意思。「惡」則為嫌棄；貶棄或鄙視的意思。老子認為榮辱或褒貶差別只在一線間。君不見朝為庭上貴賓，夕為階下囚者乎？

不見晨為貴妃，昏入冷宮者乎？這種榮辱貴賤瞬息即變的現象何人不懼？人人皆欲爭尊榮，則必有受辱者。人人皆欲爭尊貴，則必有遭輕賤者。這是人人皆擔心害怕的事，我也不可不擔心害怕。只因我隨順著自然，而心境是那麼地遼闊，似無邊際呀！一般人看起來興高采烈，好像正享用著豐富的三牲大宴，又好像春光明媚時登上高臺遠眺。唯獨我淡泊恬靜，對情欲一點也沒有起心動念的朕兆。就好像還不會啼笑的嬰兒純潔無疵。我閒散飄逸的樣子，就好像無處可歸的樣子。眾人的才智多所餘裕，而唯獨我缺漏不足。我真是愚魯人的心境，無知無欲一片純樸渾沌。世人都那麼崇尚顯赫，唯獨我是那麼低調，甘於默默無聞。世人都那麼精明幹練，唯獨我渾渾噩噩無所識別的樣子。我澹泊、寧靜，有如大海一樣。（內陸的古人真正見過大海者極少。往往湖泊就稱之為海。）無牽無掛好像隨風飛揚而沒有止境。世人看起來是那麼有抱負、有能力。而唯獨我愚頑不靈又鄙陋。唯獨我和世俗之人不同的原因，是我倚重畜養我的性德。「食母」歷來註家大多指「道」而言。筆者進而具體地解為「德」。據五十一章「道生之，德畜之，物形之，勢成之。」「道」為無，「德」為有。「道」創生，「德」畜養。筆者認為「道」如父，（見二十一章「以閱眾甫」）「德」如母。故「食母」指的是「道」的另一面向的「德」。萬物無德無能必不能生存下去。能存活必有其能耐明矣！（「德」字下章再闡述）

第二十一章　孔德之容

孔德之容，惟道是從。
道之為物，惟恍惟惚。惚兮恍兮，其中有象；恍兮惚兮，其
中有物。窈兮冥兮，其中有精；冥兮窈兮，其中有信。
自今及古，其名不去，以閱眾甫。吾何以知眾甫之狀哉！以
此。

異述：

　　老子在本經之開頭即提出「道」這一名稱。但未對它的
性德有何進一步的描述。只強調它只能意會無法言傳的妙
徵，以及和宇宙的關係。然而從第二章開始就在一步一步，
一點一滴地闡述著「道」的局部「性德」。其闡述之方法，是
以形而下的萬物以及人類社會的各種現象，來點出「道」之
所在。以形而下的具體事物的「性狀」，來襯出形而上的「道」。
使「道」的「性德」能被人們所悟知。直到本章，或許老子
認為透過前面各章的曲折描述，人們對「道」已經有基本的
概念了。可以再進一步更深層地來探討「道」的本體了。於
是在本章就只針對「道之為物」這一主題來敘述。但此章在
敘述「道」的體性之前，也依前例先拋出「孔德之容，惟道
是從」做為頭兒，來描述其全體的大概性狀。

　　當年老子要出關被關令尹請求為其「著書」。筆者試把其

過程故事化，戲劇化來加以想像。當年函谷關進進出出的人不知凡幾。有德有能者也不知凡幾。關令尹都未發現，更不用說將之留下著書。何獨見到老子要出關而把他老人家給留下呢？當時又沒有類似今天的傳播媒體，老子雖有名氣，不見得人人見到他都可認出他來，或許有人會以為，通關就得報名。果真如此直至今日老子的名字、身世何以還有些不很確定的地方呢？所留下的五千言，歷二千多年來雖有錯簡、壞字、誤傳、倒置。但大致上還保存得相當完整。但作者本尊的名字，關令尹何以未明確交代呢？關令尹也沒意思要剽竊道德經的著作權呀！關令尹對老子的名氣或有耳聞，但要說認識他，以當時交通情況，人際互動頻率，除非有同僚關係或戚友關係，實在是很不可思議的。所以當年老子會被關令尹給請了下牛（據傳騎青牛）。老子的表象必非尋常。以老子的低調哲學和無為思想所表現出來「昏昏、悶悶」（二十章），會願為關令尹著書，真可謂千古奇遇。遙想當年關令尹會類似今人的用語云：「請大師開示」？筆者很好奇地想多知道一些關令尹與老子的對話內容。俾便進一步地知道一些老子著五千言的經過。大家都知道五千言皆繞著「道、德」而為說，但很少注意及在全經八十一章（通行本所載）中，老子幾乎在每章的章首，都會先拋出一個子題作為該章的引子，（有許多章是有銜接性的就可能沒有引子）雖然稱為引子，卻是非常重要的一句話。比如說要介紹一個人，一定會先說「這位是某某」，然後再較詳細地介紹出身或職級等等。道德經各章的章首，有許多就是類似在介紹人時的形式。本二十一章筆者試著用介紹人的形式來作為異述的開頭。

　　「孔德之容，惟道是從。」筆者將之改寫為「這位孔德
先生是『道』總統的秘書長，孔德先生的一切工作，都唯『道』
總統的命令是從。」「道」總統平民百姓是見不到的，往往都
是由秘書長出面來處理事情。百姓可見到秘書長，感到他的
辦事能力超強。但百姓卻迷惑著這位能力超強的秘書長，何
以唯總統的命令是從呢？總統到底是什麼個樣子呀！（以上
是以詼諧的手法而作，請勿大嚴肅的對待。）介紹人（老子）
當然知道百姓會想多知道一些有關「道」總統的事，所以就
主動為大家說說。接下來就說「道之為物……。」類似在說：
「這位『道』總統他的為人……。」走筆至此筆者以為或許
讀者對本章的架構已有起碼的概念了。至於其詳細內容下段
再正經一點來敘述。

　　「孔德」一詞，歷來註家大都註「孔，大也」而對「德」
之詮釋，雖方向很一致地指是「道的另一面向」。但在敘述時
其用語就有如八仙過海各顯神通了。筆者魯鈍，年輕時從不
知歷來註家說的是什麼？例如：莊子云：「物得以生，謂之德。」
《天地篇》管子云：「德者道之舍，物得以生生。」《管子心
術上篇》韓非子云：「德者道之功也。」《韓非子解老篇》宋
朝蘇轍云：「道無形也，及其運而為德，則有容矣。故德者，
道之見也。」《老子解》近人楊興順說：「德者是道的體現。
道因德而得以顯現於物的世界。」《老子及其學說》上述都是
在解說「德之為物」，年輕時的筆者對這些說法都感到恍兮惚
兮的。一點也無法把握出較明確的概念。比如說，筆者試著
以蘇轍上述的話為句型，代入老子與道德經，「老子沒有人見
過其盧山真面目，等到他留下了道德經，則學界為之震驚。

所以說<u>道德經</u>是<u>老子</u>的顯影」。筆者不知如此來介紹<u>道德經</u>的話，可有人會接受？本著作名為「道德經異述」，因此在這一章將有更異的想法。請勿見怪！筆者或可能以現代科學的一些理論，或大自然界生物界的一些現象來敘述筆者對「德」的另類看法。甚至本章全章都會以此方式來「異述」。

「孔德之容，惟道是從」歷來註譯大致是「道是德的本體，德是道的作用。大德一運作起來，就隨著道為轉移。」從此段話吾人對「德」的瞭解僅止於「德是道的作用，它隨著道轉移。」這和筆者設喻的「秘書長是總統意志的執行者，他的作為都要隨著總統的意志調整。」一樣的弄不清秘書長到底如何？「道與德」是一而二，二而一的體用關係固然沒錯。吾人因形而上的「道」已無法說清楚了。所以<u>老子</u>將之從「道」體「無」拉至「道」用「有」以便於言說。所以「德」不先弄清它的意涵，接下要說明「道之為物」不是更棘手，更混沌嗎？吾人從「孔德之容，惟道是從。」這句話中可以意識到「孔德」的動能無限大，其動向也可無限多。但雖然無限，但還是必須接受「道」的節制。那麼這個「道」是否也有一種說不清楚的「意識」的成分？只是這不是類似人類的「意識」，而是自然而然的。「道法自然」（二十五章）是一種沒有主觀的意識，是隨順自然的意識，是「無所為」的意識。以這樣的思維來探討萬物的演化，及「道」與「德」的相互關係，似乎是一條不錯的蹊徑。「惟道是從」句，吾人可以感知「道」是變動不拘的，是變化無窮的。所以「道」在創生萬物後，就隱入了「道」所創的萬物中，轉變為有動能的「德」。「道」並未因而消失，只是由「無」的「性狀」變

而為「有」的「性德」。由形而上轉而成形而下。此時的「道」已從不可道變為可以加以稱述的德了。於是「德之為物」就沒有不能說的道理了，只是萬物的存在各類其德。萬物的數量種類何其多？所以德的種類也無法計算。這或許就是莊子曰：「物得以生，謂之德。」《天下篇》管子曰：「德者道之舍，物得以生生。」《心術上篇》的緣由吧！筆者姑且舉些生物界的現象，來說明「物得以生」和「物得以生生」的例子。

　　蝙蝠是一種夜行動物，而且是在飛行空中時來捕食。（蝙蝠亦有異食類）他們以在空中飛行的蚊子或其他小蟲為捕食的對象。雙方都在快速的飛行，而且蝙蝠的眼睛已退化到不行了，而他如何能在飛行中不靠眼睛辨別方位、距離、物體大小等等狀況。現代的生物學家研究的結果說：「蝙蝠是靠身上特有的超音波發射器和接收器，來從事飛行和捕食的工作。」沒錯！這就是蝙蝠之所以能賴之生存的德之一。但蝙蝠又憑什麼來辨別物體的質呢？會不會吃到不該吃、不能吃的物體呢？牠在暗夜中上下四方的飛了老半天，如何辨認回家的路？蝙蝠卻樣樣辦得很好，所以蝙蝠可以一代代地繁衍下去。這也是牠特有的生存本領。這本領就是「德」。靠著這些本領來養活自己，養活下一代。這不是說明「道生之，德畜之…」（五十一章）的好例子嗎？又牛力氣奇大，但捕老鼠卻不如狸貓。蛇無足，但行走卻快過百足的蜈蚣。蝸牛無視力，又聾又啞，行動慢吞吞，但其採食與交配卻沒困難。戈壁大沙漠滴水難覓，但有許多爬蟲類動物卻樂以之為家。牠們憑藉的是什麼呢？牠們生存的本領就是牠們特有的德。各類生物各有其德。為因應生存的需要其德就各不相同。也就

是說「道」在什麼樣的環境創生了某種生物，也必同時賦予可以讓牠在那裏生存的本領。牠們賴以生存的本領，吾人不亦可以說：「他們的生存之道」。舉這些例子「孔德之容，惟道是從。」其義應明矣！如果對「道」與「德」的關係有了較明晰的概念就能想像「德之為物」了。然後再來探討「道之為物」或許就容易多了。「道之為物，惟恍惟惚。惚兮恍兮，其中有象；恍兮惚兮，其中有物。窈兮冥兮，其中有精。冥兮窈兮，其中有信。」老子雖認為：「道不可道」，但老子並未否定其存在。老子提出「無」這一概念，既有概念也就表示其存在。宇宙萬物都是存在。老子認為「道」才是最真實，最永恆的存在。所謂「道不可道」，是無法以語言文字具體明確地來稱述它吧了。老子稱之為「物」，就表示有這麼一個存在體的事實。這一存在體長相如何？性能如何？老子的描述如以白話來表述謂：「道的表相恍恍惚惚，似有若無的，但確有其存在的現象。道雖然是恍恍惚惚捉摸不定，但確有其實存。道的內涵窈邈冥遠，微不可見，深不可測。但卻有其奧妙的作用力。它那奧妙的作用力的確非常真實，其作用當中又蘊含了奧妙的信息。」以上雖是白話。但還是猶如丈二金剛，摸不著頭腦。筆者姑且附會一下，現代的科學家理論來說明「道之為物」吧！

　　二十世紀下半葉，量子物理學成為最尖端的科學，把過去宏觀的物理學拉到微觀的領域來。使得廣義的相對論與量子論並列為探索宇宙重要途徑。科學家們汲汲想知道的是宇宙由無到有的過程是如何？物質是如何生成？其最小的單位又是性狀如何？為要解答這些問題已有許多偉大的科學家提

出足以影響整個科學界及人類視野的理論。

　　例如愛因斯坦（Einstein Albert 1879~1955）的相對論，海森堡（Heisenberg . Werner Karl 1901~1976）的量子論。有了這些關聯性的偉大理論，才能大大地提升了人類的科學視野，促進了近半世紀來科技的突飛猛進。這確實極為不合老子「無知無欲」的思想。但卻可滿足人類的好奇心。「道」愈不可道，人類就愈想知道。所以近代的物理學理論就是在向「不可道」的領域推進。於是某些原本人類無法窺其玄妙的奧境，已被日新月異的科學理論與驗證科技所曝光。這些已被破解的玄奧處，對古人來說，都是「惚兮恍兮，窈兮冥兮」的。因此筆者想嘗試著借用現在科學的新知識，來說明「道之為物」。此做法是否合乎倫類，隨君論斷。但筆者並非認定以科學新知識來解釋「道」就以為「道」盡在其中矣！謬矣，筆者只是提出另類的思考方向，或許有助於對「道」的體悟。

　　西方的學者，擅長於對所研究的客體分析、統計、歸納、演繹、實驗。在二十世紀興起對物質的分析，以求了解最基本的組成單位為何？一度由分子追溯到原子，以為它即為物質最基本而無法再分割的東西。但在二十世紀科學大師輩出而打破了對原子的迷思，只因為科學大師有了更新的發現。且證明了原子是由原子核和電子所構成，而原子核又是由質子和中子所構成。根據相對論在高能加速器中，讓質子碰撞能飛出許多種粒子。（如：夸克、光子、膠子等）本文將以「粒子」的科學理論來解說「道之為物」。在量子物理學上所謂的粒子，是將球狀體無限的縮小使成點狀。物理學家最後發現「粒子」，是在某一段時間點觀測它時才有粒子的形態。平時

它是以波的形態充塞在宇宙間。科學家驚異地發現粒子的二象性，說是粒子，但不佔空間。說是波，但觀測時卻有粒子的性狀。這確實令人恍恍惚惚。惚恍當中「其中有波之象」。恍惚當中「其中有粒之狀」。它視之不見，摸之不著，窈邈深冥的樣子，其中確帶有無限的能量。那能量非常地真實，萬物賴之以成。其中又蘊涵了玄妙的信息。（其中有信）

　　上述的理論是根據電子的雙狹縫實驗。證明了電子具有「波與粒子的二象性」。而且科學家們早就驗證了「光和無線電波」都屬於「電磁波」的家族。科學家到目前的研究結論：「物質的最小單位是粒子，而粒子是以波的形式存在於大宇宙中。宇宙萬物都是由粒子所形成，因此萬物皆起源於波」。而波又是「能量的化身」。所以「能量波」就猶如老子所謂的「道」了。「道」；「惚兮恍兮，其中有象。」這裡所謂的「象」，宇宙的「電磁波」堪可比擬。「道」恍兮惚兮，其中有物。」這裡所謂的「物」，物理學所稱的基本「粒子」堪可比擬。「道」「窈兮冥兮其中有精」，這裡所謂的「精」，即今日通稱的「能量」堪可比擬。　（註：按各種波皆帶有能量）。「其中有信」意即指充滿宇宙的能量波，它不是純物理界或唯物論的存在。而是帶有無限奧妙的信息的。古來對「其中有信」的「信」，註釋大都不離所謂的「信驗、真實、信實。」筆者的異見在此有必要再進一步的闡述。

　　「其中有信」，筆者姑且把它譯成「能量波中充滿了各種玄妙的信息」。這可從兩方面來說，第一方面從地球的生物來探討，吾人可以發現生物界，彼此之間都靠各種波來傳遞訊息，包括覓食、求偶、防衛、辨認、識別、通訊等等。如果

沒有光波、聲波、超音波、電波、水波、氣波，甚至蜘蛛網的振波。所有的生物都無法生存。（植物需要光波）所有波都是「道」的表現方式。各種生物秉「道」而生，天就賦予有利用這些波的德能；人類的五根，動物的感官，植物的接收器，沒有不是因應生存的需要而演化出來的絕活。尤其是人類，由於眼、耳、鼻靈敏度的平均發展，在視覺、聽覺、嗅覺上無法視如鷹眼，聽如兔耳，嗅如狗鼻。但人類利用了科技發明了各種通訊器材。二十世紀後各種電子通訊器材日新月異。但沒有一樣不是利用波來達到目的的。波之為物，對萬物之生存是如此之重要。故曰：「道生之，德畜之，物形之，勢成之。」（第五十一章）另一方面從充滿宇宙的能量波來探討「其中有信」。今日為要從宏觀的宇宙科學角度切入，去探尋浩瀚的宇宙奧秘。科學家們在地球上架設了無數的巨大天線，試圖要接收宇宙窈冥深遠的地方所傳來的訊息。人類在太空放置了多少衛星，或望遠鏡（哈伯望遠鏡）不正以高度精密的儀器，利用不同波長的波，在探測著宇宙，並將資料傳回地球。今日也有無數的科學家，想從微觀世界去了解奇妙的萬物。他們從傳統的放大鏡，顯微鏡，電子顯微鏡，以及未來的量子顯微鏡。有那一樣能不利用到波？每種物質各有其波。它們的波，就在透露著有關它們秘密的訊息。人類的科技不就是一直在嘗試著要了解來自四面八方的宇宙訊息嗎？科學家們絞盡腦汁地要破解來自波的密碼？假設遙遠地方傳來的波是帶有訊息的，那麼能說波是無意識的嗎？您用手機與人交談，彼此來往的波是無意識的嗎？波本身或無意識，但卻載有手機使用者的意識，這是千真萬確的。

「自今及古，其名不去，以閱眾甫。」是老子要對「德」「唯道是從」，以及「道之為物」的說明做一結語。「自今及古」通行本作「自古及今」而帛書甲、乙本及傅奕本、范應元本皆作「自今及古」。在義理上本章可以說純論「道」，而「道之為物」萬古即有，但「道」之名老子始設。以老子時之今，上推萬古即存之「道」。如此以觀，故筆者採帛書本所記「自今及古」為底本。那麼「自今及古，其名不去，以閱眾甫。」句，其意即為：「道」這一物之通名為「物」上溯萬古即有。只要是實存的東西都可通稱為「物」。「道之為物」是萬古以來就存在於萬物當中從未離去。也以「道之為物」之『物』的通名，經歷古來創生萬物的過程。「吾何以知眾甫之狀哉？以此。」這是老子為解關令尹可能質疑怎能如此地了解「道之為物」的狀態，代為設問。答案其實就是「從觀察宇宙萬象所得到的啟示。」（以閱眾甫）。

這章是自第一章以來較深入又專屬地來道「道」。在第一章云：「道可道，非常道。」老子的意思是：「道」是不能很清楚地拿出來說明的。想說也說不清楚的。並不是「道」被禁止拿來討論，所以歷經了二十章以來，老子對於「道」的各個面向和作用已作了相當程度的提示。只要讀過前二十章，就可以再深入些地對「道」作較深入的敘述。吾人當感謝老子的苦心。

第二十二章　曲則全

曲則全，枉則直，漥則盈，敝則新，少則得，多則惑。
是以聖人執一（抱一）為天下式。不自見，故明；不自是，故彰；不自伐，故有功；不自矜，故能長。
夫唯不爭，故天下莫能與之爭。古之所謂「曲則全」者，豈虛言哉！誠全而歸之。

異述：

　　在前章云：「孔德之容，唯道是從。」本章所謂「曲則全，枉則直，漥則盈，敝則新，少則得，多則惑。」就是在補述「孔德之容」的效用。在前章筆者費了不少篇幅異述「德之為物」。宇宙中大道的存在是絕對的，當其轉為現象界，則變為相對的。「枉、直」相對，「漥、盈」相對，「敝、新」相對，「少、得」相對，「多、惑」相隨。萬物之得以存在，必須依賴獨特的能耐德行。事物的發展也必有其循環往復的規則。

　　在第十六章有云：「萬物並作，吾以觀復。夫物芸芸，各復歸其根。歸根曰靜，是謂復命。復命曰常。」本章與之比對，則可以推演出；當事物處於曲折之時為保住其存在，就自然會顯現其秉「道」而來的能耐，以求恢復其本來的完整。當彎曲的時候，就必然產生反作用力以求伸直。在平的地方若將之挖低，則自然有股均夷的力量使之獲得填充。破敝時

自然產生新陳代謝的作用將之更新，減少了自然會獲得補充以求均衡。本來平衡的事物，將之任意增加就會因失去平衡而錯亂。這不是什麼「玄之又玄」的道理。筆者在前章所提的「波」，在物理學上，波與「弦」有非常密切的關係。吾人可以試著張開弓弦，當放手時該弦將成波動狀，直至回復其原來的弦位。此段經文所謂的曲、枉、窪、敝、全、直、盈、新等，筆者不以柔弱退讓、剛強前進的思維來了解它。要強調宇宙間，萬物起伏生滅的反復變化是永無止境，而且隨處可見。因為萬物德能的作用，是不能悖離「道」的自然制約的。（孔德之容，唯道是從）有道的聖人洞澈其妙徹，所以能執持「道」的素材原則，來作為天下的典範。此即所謂：「是以聖人執一為天下式」。

　　老子談完了萬物「孔德之容」的通則後，隨即將其敘述範圍限縮在人事上。老子云：「不自見，故明；不自是，故彰；不自伐，故有功；不自矜故能長。」人生在世一切進退居處，必須謹守「唯道是從」的「天下式」。那麼就不會出風頭，求表現。光芒內斂，久而久之自能本性靈明。不自以為是，而以別人為非，久而久之自能凸顯其與眾不同。不自我炫燿標榜，久而久之，人們自會發現其可貴與貢獻。不自恃自己的德能而「唯道是從」，自能隨著萬古長存的「道」而長存。

　　老子認為宇宙一切事物都是處於對立的互動中，這互動就是「變動」而且是反覆的變動，永無止境地不停反覆變動，才是它的常態。所以古代所謂的曲則全的往復變遷，如日中則移，月盈旋虧的道理，那裡是不實的話呢！（豈虛言哉？）

　　「誠全而歸之」此句中的「全」字，與第十六章「公乃

全，全乃天，天乃道，道乃久。」的「全」字是相應和的。「全」
有周徧完整之意。「誠全而歸之」老子是對本章所闡述的道理
作個結語。其大意：先前所闡述的對立互動之道理，吾人不
可偏執。大道在曲也在全，在枉也在直，在窪也在盈，在敝
也在新……。吾人為人處世，實在只有面面具到，保持事物
圓缺的相對完整性，才能回歸大道，也才真正地「唯道是從」。

第二十三章　希言自然

希言自然。

故飄風不終朝，驟雨不終日。孰為此者？天地。天地尚不能久，而況於人乎？故從事於道者，同於道；德者，同於德；失者同於失。

同於德者，道亦德之；同於失者，道亦失之。信不足焉，有不信焉。

異述：

　　本章的經文，因版本不同而大有差異，筆者經比對，以帛書乙本所載為優，旨義與他本並無出入，故採用帛書乙本所載之經文為說。

　　老子在「孔德之容」章從「道」體的性狀開始描述，接下再由性狀轉為性德的描述，然後在「曲則全」章來闡述「道」的性德所表現出來既相對又相倚的變動常態。提示人不可偏執，應全方位地來看待人事的變遷。不自我設限亦不自我標榜，一切行事應配合「常道」的流轉，才能實實在在地回歸大道。以上是普遍地為世人開示。「希言自然」章，卻是針對統治者。或許老子之世，統治者就已政令繁苛得有如飄風驟雨。因此對統治者的建議很扼要地提出「希言自然」，也就是說，為政不在多言，而在自然無為。看起來並無困難，就能

達到大治嗎？本章就是在說明看似簡單而內含奧義的一句話──「希言自然」。<u>老子</u>云：「故飄風不終朝，驟雨不終日。孰為此者？天地。」在自然界中狂風雖疾，但刮不了一上午。傾盆大雨也不會下一整天。那麼強大的風雨是誰使它大作的呢？是天地呀！天地造成的狂風驟雨都無法持久了，而何況是人力呢？這是在暗示統治者，人君的權力不論有多大，終無法與天地相比。

　　所以不論人君採用何種高壓的手段，來推行其繁苛的政令，終究無法持久的，一定會速亡的。其道理在「曲則全」章不是已闡明了嗎？如果還有疑惑的話，還可以再進一步地來說明。於是<u>老子</u>又云：「故從事於道者，同於道；德者，同於德；失者，同於失。」這是告訴人，「道」是無所不在的，只要是隨順著「道」的遷流而為的人，其所作所為都會合於「道」。依順著所秉賦的性德來辦事，其結果都會與德相符。凡做法悖道失德的人，終究會因無道而喪失一切。<u>老子</u>又云：「同於德者，道亦德之；同於失者，道亦失之。」意即謂：所作所為能與天賦的性德相符，那麼「道」也會配合他的性德。所作所為悖離了天賦的性德，道也會離棄他。道理很明顯，統治者政令煩亂誠信不足，人民自然不會相信他。

　　本章的針對性非常明顯地指向統治者。<u>老子</u>暗示統治者，儘發佈一些不誠信的政令與不實的聲明，不如少言。儘做些失德悖道，違反常情常道的事，不如自然無為來得好。否則「道」「德」兩失，落得喪失一切能不畏乎？（人之所畏，不可不畏。見二十章）

第二十四章　企者不立

企者不立；跨者不行；自見者不明；自是者不彰；自伐者無功；自矜者不長。
其在道也，曰：餘食贅形。物或惡之，故有道者不處。

異述：

　　本章是從「孔德之容」章，由「道」的本體、性狀一路敘述到「曲則全」章要為政者應「抱一為天下式」以達「誠全而歸之」。進而在「希言自然」章提醒為政者「天地尚不能久」人豈可悖「道」棄「德」而行。接下來就是普遍地指人世間「企者不立，跨者不行」的現象，以點出畫蛇添足式的「有為」者為「道」所不容；與「物或惡之」。用以再次地強調「曲則全」章與「希言自然」章的義涵對人事的重要啟示。

　　所謂「企者不立，跨者不行」這是人們經驗界極易獲得的常識。但其中卻含蘊著相當的哲理。不論是企者或跨者，其行為都是「躁進」的表現。但事實上「躁」就不易進。基礎不穩，準備不齊，猝然而發必失準頭。企者舉踵而立其立不穩，支點薄弱故也。跨者闊步極，其步難行，招式用老故也。凡事當蓄勢待發而未發時，其勢難估，且隨時可發，這是最厲害的時候。當箭已脫弦，則勢已定，目標已不可改，此時則可謂「大勢已去」或「大勢已定」則無足畏也。企者、

跨者皆與已發之箭的道理一樣。以此經驗法則來審視人物的
行為表現，就可以得出「自見者不明，自是者不彰，自伐者
無功，自矜者不長」的道理。凡自見，自是，自伐，自矜，
都是「躁進」的表現，猶如箭已離弦而飛，大勢已定，如失
準頭亦徒負呼呼了。人「自見」則必有隱晦處，有如油燈檯
下一片黑，故曰：「自見者不明」。「自是者」必有疏漏處，猶
如對鏡而立，不見背影。故曰：「自是者不彰」。「自伐者」其
功可數，無足傲人。故曰：「自伐者無功」。「自矜者」昧於己
知，猶如林雀上下飛躍林間，豈知鴻鵠高遠大志。故曰：「自
矜者不長」。這些都不合「曲則全」章中「少則得，多則惑」
的哲理。所以對於「大道」而言，有如餐桌上的剩菜，身體
上的贅肉一樣。不但無用，反而成為拖累。這些「餘食贅形」
一般人都可能厭惡它了。更何況是深得大道的人呢？所以有
道者是不會「自見、自是、自伐、自矜」的。本章文意與「曲
則全」章相成。更能凸顯「古之所謂曲則全者」，絕非虛言。
唯有把「道」落實在日常的行住坐臥，才能無所為而成其無
所不為。這或許才是老子所云：「聖人抱一為天下式」最終獲
得「誠全而歸之」的境界。

　　此章中有兩個字有必要特別加以討論。其為「自矜者不
長」的「長」與「物或惡之」的「物」字。「長」字註家大都
註「長久」。筆者亦認同，但以為應更進一層地註為「長進」
「增長」。因「矜」字乃自賢、自恃帶有自滿之意，人一自滿
則難再求進步。故筆者以為「長」字註為「長進」其義較勝。
另「物或惡之」之「物」字，一般註為「人」，基本上是沒什
麼問題，只是如僅狹隘地註為「人」，最多也僅能引申為「普

通人」，雖能與「有道的人」作區隔，但動物界對其類之餘食與贅形，亦同樣惡之。不能因異類不能以言語表達「惡之」而忽略其事實。筆者以為若將「物」作較寬廣的解釋，註為「萬物」。老子一書中「萬物」二字出現二十三次（包括所謂衍文或重置）。有許多是指「動物」而言（不一一列舉）所以本章中就直接註「萬物」應也可通。那麼「物或惡之，故有道者不處」白話即可譯成：「萬物都厭惡而不肯接受了，更何況是萬物之靈的人類呢？」此話或許嫌牽強，但這樣一來就含蘊了提醒點化已迷失大道之人的意涵了。（上述可再討論）。當然把此章提醒的對象提升到統治階層，也喻示著輕躁的政策運作都是違反自然，終將如飄風驟雨一樣不終朝；不終日的被人所共棄。

第二十五章　有物混成

有物混成，先天地生。寂兮寥兮，獨立不改，周行而不殆，可以為天下母。吾不知其名，強字之曰「道」，強為之名曰「大」。大曰逝，逝曰遠，遠曰反。

故道大，天大，地大，人亦大。域中有四大，而人居其一焉。人法地，地法天，天法道，道法自然。

異述：

　　老子云：「孔德之容，惟道是從。道之為物，惟恍惟惚。」（二十一章）是偏重於對「道之為物」的描述。而在本「有物混成」章之描述，則擴及「道」之字與名。也可說對「道」之名的由來作個補充說明。老子從首章云：「道可道，非常道」開始就提出「常道」之名，但並未說明「道」名的由來，只在各章中不斷地反覆陳述「道」的本體、性狀、作用，以及存在於萬物中的各種性德。雖然老子自己設定了「道可道非常道」這一個前提，但因「道」是天地之始，又是萬物之母，所以在天地與萬物中皆可發現「道」的影子。既有影子，也就可以就其影子來加予論述了。否則老子五千言都將成為「非常道」的廢話了。本「有物混成」章就是接續著「道之為物」（二十一章）的敘述，反轉為「此物之所以謂之道」來闡述。這樣就能補釋前二十餘章所述，被指為「非常道」的質疑。試想當年老子在為關令尹著書時若將本章置於首章。那才令

人不知所道為何？老子用心良苦地從「道」的影子下筆，來描述那不可道的「道」。如此一來，吾人就可憑對影子的認識來想像那不可道的「本尊」──「道」了。

　　本章在經文上，古來頗多歧異，筆者以為陳鼓應老子今註今譯一書所載資料之比對甚完備，故據以為本書之底本。老子云：「有物混成，先天地生。」此話即是本章之論點。老子曾云：「視之不見，名曰夷；聽之不聞，名曰希；搏之不得，名曰微。此三者不可致詰，故混而為一。」（十四章）此段話中所謂的「混而為一」就是指「有物混成」。

　　在老子思想中，「道」是一個實存又完整的存在體。在未為其命名前，暫稱其為「物」是便於指稱。所謂「混成」「先天地生」，也不是說有「未混成」或「未生」之時，而是本然已成、已生。此物是「視之不見、聽之不聞」的，所以說：「寂兮寥兮」。因為是完整又永恆實存之物，所以說「獨立不改」。他創生天地萬物，又遍流於天地萬物之中，因此說：「周行而不殆，可以為天下母。」這種先天地生的混成之物，雖「無始」以來就已存在，但卻從未有人為其命名。老子因其無字可名，於是首創一個代名詞，謂之「道」。因為它是獨立而不改，周行而不殆，超越萬物之上，所以勉強地再替它取個「大」的名字。「大」字不只是形容詞，同時又有動詞的意涵。它是不斷增長變化的狀態。又是無所不至，無所不包容的意思。也不是一味的擴張，而是周行不殆地反復。所以說：「大曰逝，逝曰遠，遠曰反。」「逝」是遷流不息，「遠」是無窮無盡，「反」是往復不止。「大」就是用來名狀「道」的遷流不息，無窮無盡，又往復不止。再者，「道」創造了天地，孕育了萬物之靈

可以體「道」的人類。天之於萬物無所不覆,地之於萬物無所不載。聖人能秉天地之道而無所不容(「以百姓為芻狗」五章)。故曰:「道大、天大、地大、人亦大。」

老子認為宇宙之中有四大,而人是其中之一。此中的「人」不是泛指所有的人,筆者雖無佐證,但直覺的,老子指的是「聖人」而言。唯有聖人能「抱一為天下式」。(二十二章)唯有聖人能「執古之道,以御今之有」。(十四章)唯有聖人能「後其身而身先,外其身而身存」。(七章)唯有聖人「終不為大,故能成其大」。(六十三章)以老子一貫主張處卑處下的思想,如將人類自我澎漲為域中四大之一,是難以想像的。所以「人法地」之「人」字亦當如是觀。

「人法地,地法天,天法道,道法自然」這一句話是將本章作一總結。也是對「有物混成,先天地生」作一呼應。其意為:「道」雖先天地生,與天、地、人並列為域中之四大。但與其他三大是不離不棄的。「道」雖創生了天地萬物,卻是「生而不有,為而不恃,功成而不居。夫唯弗居,是以不去」。(見二章異述)古之聖人觀天察地以謀生存之道,而教民以時耕稼漁獵。大地四時寒暑之變,必依天體運行而遷移。天體之運行則隨「道」的能量場周行而不殆。而「道」之所以「獨立不改,周行不殆」是自自然然的事。「道法自然」中的「自然」一詞,不是名詞而是形容現象的形容詞。不能看作「道」之外,還有更高層次的存在體。「混成」也是「道」本自然的現象。「道」本無為而無不為,聽任萬物之自化。這是「道」本然的性質,所以「道法自然」即是說「道」返歸本然的性質而已。

第二十六章　重爲輕根

重爲輕根，靜爲躁君。
是以君子終日不離輜重。雖有榮觀，燕處超然。奈何萬乘之
主，而以身輕天下？
輕則失根，躁則失君。

異述：

　　本章「君子」一詞王弼原本作「聖人」。景龍本、傅奕本及多種唐宋古本均作「君子」。《韓非子喻老篇》與帛書甲乙本皆作「君子」。筆者採用後者為說。老子思想以處卑下虛靜，為人生行為的重要原則。要處下必先莊重，重才能沈；才能穩，才能載物（發揮無用之用）。也唯有靜才能安定，才能處於蓄勢待發的狀態。因此老子在本章首先提出「重為輕根，靜為躁君」這一命題，以呼應前章「人法地」無物不載，默默承載的性德。當然這僅指有道的君子才能效法地的性德。整日行住坐臥，奔波勞累都不會悖離端莊持重的態度，有如裝載糧食衣物的大貨車一樣。有道的君子，雖然擁有豪宅華屋，但日常生活還是超然物欲之外。反觀擁有萬乘之國的君王，卻為了己身的享受和野心的滿足，而輕率地揮霍天下的資源，弄得民窮財盡，兵疲馬乏。這樣輕率地治理天下，沒有不失掉天下的。身為萬乘的國君，為一己的享受，或野心，

而急躁地發令、施政。沒有不失掉民心的。

　　「是以君子終日行不離輜重」。「輜重」一詞，不宜僅看作裝載重物的車輛。而是喻指「道」體虛靜、持重、處下的性德。否則君子終日帶著大批的生活物資到處奔波。又燕處超然地不去享用它，那不是很奇怪的事嗎？如果說有道的君子，出門在外整天都帶著豐厚的行囊，回家又有華廈豪宅，這也不合老子「見素抱樸，少私寡欲」（十九章）的思想。因此筆者大膽地將「輜重」一詞解成「道」能持重的性德，進而喻指「道」。河上公本註曰：「『輜』，靜也。聖人終日行道，不離其靜與重也」或可為筆者之說加持。

第二十七章　善行無轍迹

善行無轍迹；善言無瑕讁；善數不用籌策；善閉無關楗而不可開；善結無繩約而不可解。

是以聖人常善救人，故無棄人；常善救物，故無棄物。是謂襲明。

故善人者，不善人之師；不善人者，善人之資。不貴其師，不愛其資，雖智大迷，是爲要妙。

異述：

　　本章沒在開頭提出一個主要論點，來作為全章議題的中心，而是連續用五件事來暗喻「道」雖似無為，但其發用後確是有「無為而無不為，無用乃大用」的效果。經文中有十一個「善」字，吾人在閱讀本章時，必須拋開習以為常的善惡觀念來看待這一「善」字。畢竟老子的倫理價值觀是有別於儒家的主張與看法。（本文不作討論）而儒家倫理觀念二千年來深植於漢文化當中是無法迴避的事實。吾人往往會帶著儒家的眼鏡來看待老子道德經。以至於產生折射的影像，失去了老子思想的原貌。所以本章中老子使用「善」字，其含意是指「合乎道的一切事物」而不一定指合乎世俗社會的道德規範。

　　因此所謂的「善行、善言、善數、善閉、善結」等就應

是依「道」而行、言、數、閉、結的事。由於「道」隱無形，所以秉道而行是不著痕跡的。秉道而言是沒有破綻的。秉道而數是用不著籌策等工具的。秉道來關門戶是無需使用關楗也能緊閉的。秉道來連結事物是不需要繩索也能結緊而解不開。以上五件具體的行為，確能有不可思議的結果。如果以日常生活的經驗法則，根本不可能接受這種不可思議的結果，其關鍵點就在「道」的體悟上。如果真能體悟「道」無為而法自然的性德，那麼隨順自然而行止，那會有轍迹？隨順自然而說話，不該說絕不多說，那來破綻？一切隨順自然的遷流變化那需藉用籌策？畢竟人算不如天算呀！能隨順自然順勢而關門那用得著關楗，只要秉「道」連門都可以不設了，那關楗又有何用呢？凡事隨順自然，該連結就連結，不該連結的又何須多費工夫去連結呢？因此自然的連結根本用不著繩索也解不開的。

　　上述五件事都是指不滲入人為的自然行為，反過來說，只要滲入了人為的因素，如老子云：「希言自然。故飄風不終朝，驟雨不終日。孰為此者？天地。天地尚不能久，而況於人乎？」（二十三章）本章所謂「善言」不就是「希言」嗎？人再厲害都無法超越自然，這是無須質疑的。所以老子才又接著說：「是以聖人常善救人，故無棄人；常善救物，故無棄物。是謂襲明。」老子此句話中的「聖人」一詞有必要先釐清其含意。此句所謂的「聖人」應指行事能隨順自然的社會賢達，不是有權無德的統治者，也不是有德而無社會地位的隱士。而是能體悟大道又有社會影響力的人。這種社會賢達往往能隨順自然地補救百姓的弊病，百姓因而可以自由發

展，所以社會上就不會有失落的人。這種社會賢達，往往能隨順自然地因材用物，化腐朽為新奇使物盡其用，所以也就沒有廢棄的東西。以上所說的道理就是所謂的「襲明」。也就是承襲保有「道」無為而無不為，無用乃大用的性德。

　　老子又云：「故善人者，不善人之師；不善人者，善人之資。不貴其師，不愛其資，雖智大迷。是謂要妙。」這是老子把前段所述的人與事，作個統合，回歸到以人為論述的核心。由善行、善言…等事轉入「善人」與「不善人」。畢竟萬物中只有人列入域中四大之一，只有人才是老子著五千言授予的對象呀！所謂「善人」或「不善人」，不是「好人」或「歹徒」，而是指人之能否體悟大道；能否秉道而行。能體悟大道，依道而行的人，是那些不能秉道而行的人的效法對象，也就是「常善救人」的「聖人」。「不善人」就是指那些被聖人所救的人，「不善人」因「善人」的教化而得救。「不善人」也就成為「善人」發揮大用的資材。如果不珍寶「善人」，又忽視了「不善人」的人，雖說他有大學問，大才智，事實上是一個不悟大道的迷糊蟲吧了，上述的道理，老子稱之為「要妙」。「要」是精要，「妙」是玄奧。「要妙」的道理是說：看似小道理，卻大大有用處的道理。吾人豈可忽乎？

第二十八章 知其雄守其雌

知其雄，守其雌，為天下谿。為天下谿，常德不離，復歸於嬰兒。

知其白，（守其黑，為天下式。為天下式，常德不忒，復歸於無極。知其榮。）守其辱，為天下谷。為天下谷，常德乃足，復歸於樸。

樸散則為器，聖人用之，則為官長，故大制不割。

異述：

　　本章在經文上多所疑議，在「知其白」下連續二十三字疑為偽入。考諸《莊子天下篇》引老聃曰：「知其雄，守其雌，為天下谿。知其白，守其辱，為天下谷。」筆者以為莊子去老子較近，其所引或較為可靠，（或有疑天下篇非莊子作品）故本文對疑為偽入之二十三字存而不論。經文中「為天下谿」之「谿」字，古來註家大多註為溪澗或溪谷。如此則與後文之「為天下谷」無別。這值得吾人探討，何以老子在同一章同一義須要用兩個不同的名詞？因此筆者採用陳鼓應之註。陳註「谿同徯，徯徑（亦作蹊徑）」這或許也可多一個思考的方向。

　　本章主要有兩個論點。其一是「知其雄，守其雌，為天下谿。」另一則為「知其白，守其辱，為天下谷。」第一個論點偏於論「道」之體。第二個論點則偏於論「道」之用。「道」

原本體用合一，故其結論為「大制不割」。這是依經文的架構而言。而其經旨容述於後。「知其雄，守其雌，為天下谿。」雄動而雌靜，雄剛而雌柔，雄主上雌處下，這些都是老子常用來比喻「道」的體用性德。「知其雄」就是要知道「道」的動能無限，妙用無窮。「守其雌」則是要守住靜、柔、處下的性德。不可因雄剛有力而躁進。不能因妙用無窮而虛耗動能。果能知曉「道」的雄剛，又能守住「道」的靜柔。那就可為天下指出一條蹊徑來。這等同於「是以聖人抱一為天下式。」（二十二章）作為天下人的典範。有了「知雄守雌」的典範，「大道」守柔用剛的性德就不至離失。「大道」的性德不離失，那麼就可返歸像嬰兒一樣純樸自然的本來面目。

　　「知其白，守其辱，為天下谷。」「白」是光明亮麗，是眾人所追求的目標，「辱」是晦暗污損，是眾人避之唯恐不及的事。一個體悟大道的人，不會隨世俗社會的律動而躁動。他寧可獨自處在暗晦污濁的地位，不去與人爭風頭求表現，就是因為不爭、處下，所以天下沒有人能與他爭。即老子所謂的「以其不爭，故天下莫能與之爭。」（六十六章）這就是所謂的「為天下谷」。能「為天下谷」吸納眾流，「天下樂推而不厭」（六十六章）常德就能飽足。常德飽足就是大用發揮到極致，然後又回歸到本來「道」體的性狀 ——「樸」。「道」體「樸」的性狀一散發出來就成為有形的器物以資利用。體大道的聖人能善用「知其雄，守其雌。知其白，守其辱。」的道理，所以能成為領袖人物。由上述之理看來，大道運作的機制或模式是很完整而不是支離破碎的。這就是所謂的「大制不割」。

第二十九章　將欲取天下而爲之

將欲取天下而爲之，吾見其不得已。天下神器，不可爲也，（不可執也。）爲者敗之，執者失之。
故物或行或隨；或噓或吹；或強或羸；或培或墮。
是以聖人去甚，去奢，去泰。

異述：

　　本章有接續前章的意味。前章強調「知其雄，守其雌，為天下谿。」「知其白，守其辱，為天下谷。」代表著無為守靜是常德不離飽足的必要條件。而常德飽足又是「復歸於樸」的緣由。唯有懂得秉道而行的聖人，才配成為一國的君長。如果刻意地謀取天下要來治理它，老子云：「吾見其不得已。」「不得已」就是不會有預期的結果，或不會達到目的。老子所持的道理是：「天下神器，不可為也，不可執也，為者敗之，執者失之。」宇宙萬物林林種種，皆「樸散」（二十八章）的結果。人不但在萬物之列，更是宇宙四大之一。所以天下的百姓皆有如神器那樣地神聖寶貴。神聖寶貴的人類是不能任意地去褻瀆造作的。否則會引起反彈而唾棄統治者。人類是各有想法各有意志，統治者是不能隨便去掌控他們而得到他們的擁護的。任意地去褻瀆造作一定失敗，隨便地去掌控一定會失去。之所以會這樣，老子云：「故物或行或隨，或噓或

吹，或強或羸，或培或墮。」天下萬物各有其性，世上百姓各有所思。有的想前行，有的要隨後，有的要慢慢來，有的卻急得很，有的強壯，有的瘦弱，有的自我期許，有的甘願墮落。根本不是掌權者完全可以造作掌控得了的。唯有常德飽足的聖人，才能順自然之道，無為而治，無執而得。此即為「大制不割」（二十八章）的道理。因此老子認為一個體道的統治者，會見素、抱樸、少私寡欲地去治理天下的。會去除煩苛的政令，去除奢華靡費，去除安泰偏私心態，以作為天下的典範。（抱一以為天下式。二十八章）

第三十章　以道佐人主者

以道佐人主者，不以兵強天下。其事好還。師之所處荊棘生焉。（大軍之後，必有凶年）。

善有果而已，不敢以取強。果而勿矜，果而勿伐，果而勿驕，果而不得已，果而勿強。

物壯則老，是謂不道，不道早已。

異述：

　　自二十三章至二十九章老子立說的重點似乎是放在討論領導者或君王上。類似在開示國家的領導人政令不宜繁苛，以無為清靜為本。由本身的見素抱樸，少私寡欲，來作為百姓的楷模（抱一為天下式），讓百姓隨順自然地生息。以達到無為而治的勝境。在本章則開宗明義地提出「以道佐人主者」為開示對象。在老子之年代，諸侯攻伐無寧日。國君所認為的能臣、良臣是要能以兵強天下者。只要能為國君開疆闢土，即使是弄得民窮兵疲，站在國君的立場也認為是良臣。本章老子鑑於時弊，特提出了為臣者應以「道」來輔佐國君，而不是投國君之所好。所以老子云：「以道佐人主者，不以兵強天下。」如果「以兵強天下」對國君而言就是「將欲取天下而為之」（二十九章）而其結果是「為者敗之」，如此即不配稱為「佐人主」。再說「以兵強天下」這種事是冤冤相報的。

今日你攻伐他，明日他攻伐你，往復攻伐的事將沒完沒了。而且大軍所到之處，莊稼毀壞，田園荒蕪，沒多久就遍地生荊棘，成為無人荒野。因此在大軍攻伐之後，必定帶來饑饉。所以輔佐人主應以「道」而不可「以兵強天下」。

　　雖然佐人主不可「以兵強天下」，但也不是不可以有軍事行動。如果以「道」佐人主，則其用兵必以「道」。什麼是用兵以「道」？老子云：「善有果而已，不敢以取強。果而勿矜，果而勿伐，果而勿驕，果而不得已，果而勿強。」用兵的目的不在爭強鬥勝，不在攻城掠地侵人國土。止戈為武，用兵的目的是為了禁暴除亂維持和平。當事濟功成就應罷兵。這即所謂「善有果而已，不敢以取強。」在以兵力來達到目的後，即應「為而不恃，功成而弗居」（二章）不可自我矜恃、誇耀、驕傲。畢竟因為禁暴除亂，救濟危難而用兵，是不得已的呀！所以戰勝了卻不逞強。

　　「以道佐人主者」應知「物壯則老」的道理，日中則移，月盈旋虧。是很容易明白的。因此佐人主者如以兵強天下，就是窮兵黷武，兵力將盛極而衰。這樣佐人主是不合「道」的。天下凡是不合「道」的事都無法持久，都會很快結束或消失呀！佐人主者能無戒乎？

　　※註：「物壯則老是謂不道」，意謂以人為的力量促使物壯，徒加速其老罷了，這就是所謂不合道的結果。凡不合道者均將早早消失。

第三十一章　夫兵者不祥之器

夫兵者，不祥之器。物或惡之，故有道者不處。
君子居則貴左，用兵則貴右。兵者不祥之器，非君子之器，
不得已而用之，恬淡為上。勝而不美，而美之者，是樂殺人。
夫樂殺人者，則不可得志於天下矣。
吉事尚左，凶事尚右。偏將軍居左，上將軍居右。言以喪禮
處之。殺人之眾，以悲哀泣之，戰勝以喪禮處之。

異述：

　　前章老子告誡為人臣者，在輔佐國君時應以「道」而非
以兵。然而一個完整的國家，也不能沒有國防武力。當國家
的安全受到威脅，百姓的生命財產受到損害時，就不能不用
兵。所謂「用兵」就是動用軍隊發動戰爭，要發動戰爭必需
有相當的軍隊與裝備。老子所謂的「兵者」就是指軍隊與裝
備。此二者合而稱為「軍備」。老子認為「軍備」是不吉祥的
東西。天下萬物大多厭惡它（動植物各有其防衛的裝備或本
領），因為那是彼此攻擊傷害的憑藉。因此有道之士，是不會
隨便去使用它。為人臣子在輔佐國君時，屬於文治政教方面
的，則以左邊為貴。在調動指揮軍隊則以右邊為貴，由於軍
備是不吉祥的事物，不是推行文治，教化百姓的君子所需要
的事物。但在國家安全，百姓生命受到嚴重威脅時，不得已

而動用了軍備武力。最好要心平氣和，達到禁暴除亂，救助百姓的目的即可。勝利了不可自認為了不起而洋洋得意。如果表現洋洋得意就是喜好殺人的人。這種喜好殺人的人，就是「不道」。「不道」的人很快就會失敗，他是不能得到天下人的擁護，而令其有施展抱負的機會。

喜慶吉事的排場以左方為上。凶喪的事情則以右方為上。用兵作戰時，偏將軍在左方，上將軍在右方，這是把用兵作戰當作在處理喪事來看待。兩軍作戰殺人多了，要以悲哀的心情來對待，打了勝戰要用辦喪事的心情與禮儀去處理。這樣或許還算是「以道佐人主者」。本章世傳各版本字句出入甚大。但大意上並無太大出入。筆者採用陳鼓應本。特此補充說明。

第三十二章　道常無名

道常無名、樸雖小，天下莫能臣。侯王若能守之，萬物將自賓。

天地相合，以降甘露，民莫之令而自均。

始制有名，名亦既有，夫亦將知止，知止可以不殆。

譬道之在天下，猶川谷之於江海。

異述：

前述幾章老子提示人主當以「道」治國。人臣當以「道」輔佐人主，不可幫助人主窮兵黷武。強調不得已而用兵也須以「道」。就是善後工作也應以「道」來處理。然而何以須以「道」來治國用兵？「道」真有那麼偉大嗎？於是老子在本章就言簡意賅地云：「道常無名、樸。雖小，天下莫能臣。侯王若能守之，萬物將自賓。」以現代人的語法，老子的意思即為：「道」是遍在、常在但沒有適當的指稱詞。它是宇宙萬有的總源頭，是永遠樸質的狀態。它雖然隱微不可見，可是天下卻沒有人可以輕視它；指使它。侯王如果能夠守住它，天下萬民都將自動地來歸服。「侯王若能守之，萬物將自賓。」即與二十二章所云：「是以聖人抱一為天下式。」同義。因此「萬物」在此可明指為「萬民」。老子恐有人質疑「道」的偉大能量，所以接著說：「天地相合，以降甘露，民莫之令而自

均。」在人類的心目中，天地已夠偉大了。天地陰陽之氣相
合就能行雲雨施降下甘露。無須指令天地，而雨露就自然地
均勻。天地的力量真夠偉大了，然而「地須法天，天須法道」，
「道」的偉大豈不遠遠超越天地嗎？

　　在二十八章有云：「樸散則為器，聖人用之，則為官長，
故大制不割。」本章章首云：「道常無名、樸。」這是指「樸」
未散時的「道」體。此時的「道」體是完整不能割裂的。當
它散而為器後就「始制有名」了。「道」創生了萬物，萬物各
有其名，有了可名的物，「道」就由形而上的「無」變為形而
下的「有」。「有」是可稱述可分別的，不再是完整而不能割
裂。但一割裂就沒完沒了，一分別就紛擾無止，狀況百出。
因此「聖人用之」（二十八章）「亦將知止」。有道的領導階層
（侯王）能夠把握大道的完整性，知道不可無止境的割裂分
別下去。知道適可而止，就不會產生危險。什麼樣才叫「適
可而止」呢？老子雖未說明，但吾人依前文的闡述，很容易
就會想到所謂「適可而止」就是「適道而止」即所謂的「為
無為」吧了。本章之末，老子對「道」與「天下」的關係打
個譬喻云：「譬道之在天下，猶川谷之於江海。」川谷之水奔
向江海是自自然然的，是本來就如此的。而天下萬物終將歸
根覆命也是自自然然。侯王又能奈何？

　　附註：「大制」指大道而言。「始制」則是指「道」創生
了天地萬物之後。（老子云：「無，名天地之始，有，名萬物
之母」）

第三十三章　知人者智

知人者智，自知者明。
勝人者有力，自勝者強。
知足者富。強行者有志。
不失其所者久。
死而不亡者壽。

異述：

　　在<u>老子</u>書中本章算是很奇特的一章。連續提出六個命題而未作任何的闡述。前兩命題都是人己對比，後四命題皆單獨成立不相關聯。觀其意涵類似一般格言，道家的色彩並不特別濃厚。考諸帛書有本章之記載，考諸竹簡，則筆者淺學尚未發現有關本章之斷簡殘篇。漢以下之治老者，似未有人提出任何對本文真偽的質疑。筆者不敢妄指其為後人偽入。但望引起學界注意，並望有老學專家，能撥雲見日地將真相公諸於世，則幸焉。

　　在哲理上，本章所講則偏於個人的修養。這些人生哲理在中國文化中隨處可見，可以說普遍地為人所認知。只是真正能落實的，似乎不普遍，這不是易知難行，而是一般人習於爭名逐利，終生務外而不能省視自己，以至於智足以知人而不能知己。在不明自己的本份與能耐之下，往往欲深谿壑，

終日為滿足物欲而奔波勞累。但還是感到缺憾不足。有些人則自甘墮落慵懶無志，既不能知「道」也不能行「道」。有些人則朝三暮四，毫無目標地隨世俗而悖「道」妄為。這都是所謂「失其所者」。「失其所」就是「不道」，「不道早已。」那能長久呢？如果能秉「道」而自我省視，自我克制後天的物欲，那不但自我心明如鏡，無欲則剛，而且毫無匱乏，那不是很富足嗎？一個勉力行道的人，就是有志於道的人。如能抱持大道而行，自然可長可久。就是生命結束了，也將歸根復命，真正的歸真返樸，不就是與天地並壽嗎？

第三十四章　大道氾兮

大道氾兮，其可左右。萬物恃之以生而不辭，功成而不有。衣養萬物而不爲主，（常無欲）可名於小；萬物歸焉而不爲主，可名爲大。以其終不自爲大，故能成其大。

異述：

　　縱觀道德經八十一章隱約可看出，似乎每幾章就有其互為關聯性。每幾章成為一個組群在闡述著某一重疊或相關之議題。本章與三十二章其論述的主題相當一致。筆者不敢妄說原應直接置於三十二章之後。但筆者總覺得兩章之中隔著三十三章，而三十三章與前後兩章的涵意又是那麼疏離，實有些唐突的感覺。這也是筆者懷疑三十三章是後人偽入的理由之一。當然吾人沒有理由認定，凡是相關議題的篇章都得放在一起，否則就是有問題。但縱觀八十一章，確實有組群的痕跡。吾人如將三十二章首句「道常無名，樸。雖小，天下莫能臣也。」與本章首句「大道氾兮，其可左右。」並列，再把其末句；「譬道之在天下，猶川谷之於江海。」與「以其終不自為大，故能成其大。」對照來讀，不必經過思考就可發現其涵義的共通性。所以本章可以說是接續三十二章繼續在闡述「道」的性德。從三十二與三十四章合而思之，就更能了解「道」可小，可大。小到無所不入，大到無可超越。「道」

是普遍的存在，又因「道隱無名」所以又似有還無的。吾人且看本章老子云：「大道氾兮，其可左右。萬物恃之以生而不辭，功成而不有，衣養萬物而不為主。」其意為；大道瀰漫遍布於宇宙，可以在左，可以在右，萬物全靠它而創生，但大道對創生萬物既不推辭也不多說。創造成功了亦不自以為有功。還繼續地養育護祐萬物也不自以為主。

接著老子又云：「常無欲，可名於小；萬物歸焉而不為主，可名為大。」（這段話中的「常無欲」三字顧歡本、李榮本、敦煌丁本都未記載，然帛書甲、乙本均有「恆無欲」句。）因為大道不辭、不有。永遠保持其似有還無、無知無欲的性狀，其精微不可見可稱它為小。天下萬物都歸服它，它也不去主宰它們，可稱它為大。這就與三十二章所云：「道常無名，樸。雖小……，萬物將自賓。」是一致的。對此意涵，在三十二章老子以「道之在天下，猶川谷之與江海」來喻「道」之大與卑下。在本章則直接稱其為「大」。並指出其所以「大」的原因是「以其終不自為大，故能成其大。」三十二章在說明由於「道」處卑，處下的性德而成就其「大」，本章則是說明「道」的「無為，而無不為」而成就其「大」。「道」之所以「大」的緣由雖不同，但其為「大」則一也。「道」有如此性德，無怪乎老子將其列於「域中四大」之首。人能不效法「大道」的處下和無為嗎？

第三十五章　執大象

執大象，天下往。往而不害，安平太。
樂與餌，過客止。道之出口，淡乎其無味，視之不足見，聽
之不足聞，用之不足既。

異述：

　　老子將人列入域中四大之一，其原因之一就是因為人能悟「道」；秉「道」而立身處事。所以只要人能執持秉守「大道」處卑無為的性德，天下無不可去之處，也無不可交往的人。互相交往皆能處下不爭，所以也不會互相傷害。這樣人與人之間就相安無事。社會將呈現和平，人們的生活也就會適泰。世俗上街坊中，美好的音樂與佳肴，能夠吸引過往的旅客止步；而用嘴巴來談論「大道」卻平淡無味，一點也不吸引人。「大道」似有還無；看不見；聽不到；但「大道」的大用是無窮無盡的。所以人當「執大象」以處世，則可長「適」久安。

　　註：「執大象」就是「抱一」，亦即秉持大道的性德。

第三十六章　將欲歙之

將欲歙之，必固張之。將欲弱之，必固強之。將欲廢之，必固舉之。將欲取之，必固與之。是謂微明。
柔弱勝剛強。魚不可脫於淵，國之利器不可以示人。

異述：

　　老子將「大道」的性德，顯現在人事與物性上的現象。連舉四組對立轉化的事例，來闡明轉化的必然性。似乎是用以喻示當政者，治國不可一味地圖強爭勝。應明白物極必反，否極泰來的宇宙律則。如果將「道」看成是一種充塞宇宙中的能量。這種能量是「氾兮，其可左右」的，周遍流遷全宇宙。宇宙的常態本應是平衡的，但變動也是它的常態之一。由於變動而使得能量左右流動，以求周遍、均勻、穩定。但宇宙的變動從未停止過（這是宇宙的自然）所以能量的流動也從未停過。天地萬物的創生，來自宇宙的大能量。能量有所流遷；萬物必隨著轉化。其轉化的常規又是對立的。（左右代表對立的用語）因此凡事欲其向左，就先讓它自由向右發展，及至極右必自返左發展。

　　凡事根本不必「有為」。這是萬古不變的律則。因此老子云：「將欲歙之，必固張之。將欲弱之，必固強之。將欲廢之，必固舉之。將欲取之，必固與之。」試想；「將欲歙之」時，

表示該事物已呈「張」的狀態，如該事物已呈歛合的狀態又何須再「欲歛」之呢？因此任令該事物自由的「張」，待其「張」極，它就自然而然自己歛合。這不是不費吹灰之力，就達到「欲歛之」的目的嗎？同理，「將欲弱之，必固強之。」表示欲將已強的令其轉弱；最好的方法，是任令其繼續往強的方向發展，待其強極自然就弱了下來。（接下兩組因同理而略）這種類似世人所謂的「欲擒故縱」的宇宙律則，老子云：「是謂微明」。其意是「道幾隱微，其用顯明」。上述四組事例，古來普遍被誤解為含有陰謀的思想。這真是大冤屈。原本是「常道」卻被曲解成謀略。老子地下有知，亦將以任令曲解，終將會有人了解的態度處之。曲解老子者當深思之。

　　事實上老子在本章最重要的啟示是要當政者「無為而治」，不可「欲取天下而為之」（二十九章），更不可「以兵強天下」（三十章），所以老子在章末，諄諄地云：「柔弱勝剛強。魚不可脫於淵，國之利器不可以示人。」柔弱是能量的吸納者，剛強則是能量的耗費者，而能量總有耗盡之時。至時剛強亡矣！敗矣！只要常保柔弱，則能量源源而至，真是可長可久呀！正所謂的「用之不足既」（三十五章），就是指柔弱的大用是無窮無盡的。有國者不可失去保持柔弱無為的治國之道。正如魚不可脫離深水而存活，淺則易被捕獵，離則乾涸而亡。在治理國家也一樣，不可成天以刑罰、暴令來威赫人民。否則將如「飄風不終朝，驟雨不終日」（二十三章）地早早滅亡。治國猶如奔車朽索，能無懼乎？

第三十七章　道常無為

道常無爲而無不爲。侯王若能守之，萬物將自化。化而欲作，吾將鎭之以無名之樸。無名之樸，夫亦將不欲。不欲以靜，天下將自正。

異述：

　　自來治老之學者，很少注意及章與章的連帶關係。昔年老子在著道德經時，當不至有如今日學術論著嚴謹的學術紀律，也沒有預設綱目。然而也不致於沒有其論述時思想的連貫性。所以吾人只要仔細地推敲各章的義涵，就可隱約地發現其脈絡。本章就很明顯地有做爲道德經上篇道經的總結的味道。道德經開頭兩章，意貫全書毫無疑議。然往後則由天道論及人道，君道，臣道。到末幾章則偏於「治道」。老子著道德經雖沒有說明其目的，但其所關心的似乎是當時的百姓，完全生活在當政者苛政中，而不能順任自然的自生自化，以至呈現民不聊生的社會現象。要有效的改善這種悖離大道的現象，唯有先改變統治者的心態。使統治者能抱持「見素抱樸，少私寡欲」的心態，行「無爲」之治，那麼百姓能獲得自由休養生息的空間。天下也就自然安定了。反之統治者偏私多欲，那麼百姓自然就會爭名奪利；統治者悖道妄爲，百姓也就跟著胡作非爲。如此一來天下那有寧日，百姓豈能

安生？所以老子在本章，再次剴切地勸導統治者，該秉持「道常無為」的性德來治國。老子云：「道常無為而無不為，侯王若能守之，萬物將自化。」理論上「無為」也是一種「作為」的表現方式。

　　「道」創生了萬物後唯有「無為」，才能無偏無私地提供萬物自化的空間。侯王統治百姓也唯有執守「大道」無為的性德，百姓才能隨順自然地生息自化。在人類自生自化的過程中，文化會累積，器物會增多，人對物質的欲望也會隨之增大，對此老子早已洞悉，並提出了對策。老子云：「化而欲作，吾將鎮之以無名之樸。無名之樸，夫亦將不欲。不欲以靜，天下將自正。」老子認為人類文化進步後，人們的欲望會提升發作是無可避免的事。但統治者卻不能隨著人們提升欲望，更不能率先追求物欲的滿足。反而應該以身作則，保持一貫的真樸形象，來安定百姓蠢動的欲念。那「道」的真樸就會消解百姓的貪欲，百姓沒有貪欲，社會自然平靜，社會平靜不亂，那麼全天下自然就安定了。

第三十八章　上德不德

上德不德，是以有德；下德不失德，是以無德。

上德無爲而無以爲；（下德無爲而有以爲）。

上仁爲之而無以爲；上義爲之而有以爲。

上禮爲之而莫之應，則攘臂而扔之。

故失道而後德，失德而後仁，失仁而後義，失義而後禮。

夫禮者，忠信之薄，而亂之首。

前識者，道之華，而愚之始。是以大丈夫處其厚不居其薄；

處其實，不居其華。故去彼取此。

異述：

　　老子著五千餘言出關而去，當時並未稱之爲道德經。據太平御覽卷一百九十一引楊雄《蜀王本紀》說：「老子爲關尹喜著道德經。」此爲老子五千言稱爲道德經之始。而道德經分爲上下兩篇，則因筆者孤陋，無法說出何以五千餘言有必要分成上下篇。也不知何時何人所分。這些問題皆非本異述所要探究的問題。但筆者細考上下兩篇所論述的內涵，卻隱約地看出些許差別。上篇似乎著重在對「道」的體用作綜合論述。而下篇則較偏於對「道」的發用方面來論述。尤其是對人事與社會的相關問題著墨較多。這是否意味著老子五千言的論述層次，有從形而上的本體論，漸次地論及形而下的

政治，社會及人事等問題的安排。如果是如此。那麼說老子所最關心的問題還是在「人」。而人之所以會出現困境，是因為人背離了「大道」，離失了「常德」。筆者說老子「關心人的問題」不是筆者認為老子有心救世。或認為老子懷著悲天憫人的胸懷。筆者認為老子只在點出人類困境的所在。而不是要去解決人類的困境，否則老子何必出關而無人知其所終。人類的困境能否得到解決，以老子的思想，只有隨順自然看人類自己的造化了。這或許才是老子勉強留下五千言的本衷吧！

　　老子道德經之所以不易了解，或遭到嚴重扭曲誤解，有許多是因文字障所造成的。雖然漢字有小學為之確認其義。但二千多年來中華文化中的倫理道德思想，深入了每個人的意識中，當吾人在研讀道德經時，很自然地就會著上一層傳統文化的價值觀。遺憾的事是，老子的思想超越世俗的倫理價值觀。要以一般世俗慣用的文詞來表述超越的意涵，確實有其困難度。因此道德經不被曲解也難，幸好道德經留有無限讓人想像論述的空間。研讀者可各自視其所好，各取其所需地去讀它、解它。老子地下有知也將隨順自然地看待後世之讀者。本章老子所述正是與傳統倫理道德用字相同，而意涵不一，最明顯之一。其中最關鍵的字是「德」、「仁」、「義」等。傳統上，這些都充滿了人的價值判斷的。而老子在使用這些詞彙時就沒有一致性的意涵。在本經首章，「道」字就有名詞與動詞之分。本章的「德」字，亦有其世俗之德與大道之德的分別。不是本章十個「德」字都具全同的意涵。必須視其上所冠之詞而作分別。當「德」字上冠「上、下」時與

冠「有、無」時，其意涵就必須有區隔。「上德」指的是秉「道」而來的「大用」，是具有普遍性與無分別性的性德。「下德」則是限指有意識性，有分別性，甚至可說是有選擇性的「小用」「私用」而已。「上德」是普遍性地對待萬物，正如「道」之「生而不有，為而不恃，功成而不居。」（二章）又何言德？這秉「道」而來的「大用」之德，根本不自認為是有大用之德。所以才是大大「有德」。此「德」當作何解？以今人之語稱之為「功德」可也。老子則稱其為「玄德」。（五十一章「生而不有，為而不恃，長而不宰。是謂玄德。」）所謂「下德不失德，是以無德。」「下德」指的是有意識去作為的「偏用」或「小用」。這種有選擇性，有分別性，針對性的小用，必然顧此失彼。雖然有心做好事，挖了東牆補了西牆。西牆稱德，而東牆怨其缺德。德不能周普，當然就是「無德」可言。「德」之為物一定要秉道而顯，隨道而化乃可謂「上德」。因此「大道無為」，「上德亦無為」。「大道無不為」，「上德亦無以為」。「道法自然」當然「上德」也就隨順自然而不存為或不為之居心了。「德」之為物，如果是出自人的意識或居心的，就是「下德」。凡是出自人意念的不作為，而非隨順自然的不作為，就是有所為而為。這種有所為而為的「德」是不能周普於萬物，而反顯其無德可言。

關於「下德無為而有以為」句，帛書甲、乙本皆無此句，而世傳本皆有之。陳鼓應依高明《帛書老子校注》認為是漢代晚期（帛書之後）所衍入應是可信。至於「上仁為之而無以為；上義為之而有以為。上禮為之而莫之應，則攘臂而扔之。」均只言「上」不言「下」。筆者根據「大道廢，有仁義」

（十八章）的觀念來思考，所謂「仁、義、禮」都不是秉「道」而產生。是在「大道」為人類所忽視迷失後，才形塑出來的概念。因此其「上」字就完全與「道」不相干，而只是與人有關。又據「失德而後仁」句，可以推論「仁」連「下德」的層次都沒有。雖稱「下德」尚不失其為「德」，以之並未離「道」。而「仁」「義」皆在「大道廢」「失德」之後才為人們所形塑。所以「上仁」「上義」「上禮」都是人賦予的價值稱述。也都是人有意而為的。只是「上仁」是對人而為之，所以在人而言，較有普遍性。故稱「無以為」。「上義」則是對事而為之。那麼就有選擇性的作為了。

　　凡有選擇性就非普遍性，非普遍性的作為就是「有所為而為」，故稱「有以為」。至於「上禮」則更具局限性與階級性。窄化成為對特定的人或事而為。因此不能普遍地被接受，而於不知不覺中，自自然然地獲得預期的效果。必須以「攘臂而扔之」的手段來強制作為。如此悖離「大道」的情況就每況愈下了。就「德」字的義涵而言，不論其為「上德」或「下德」，其本質皆為「德」，都有「道」之用。而就「仁、義、禮」等概念則可以引申出「下仁非仁、下義非義、下禮非禮」等人為的價值意涵。兩相比較其最主要的關鍵是與「道」的關係。凡離「道」愈遠其層次就愈低。凡愈多人為的價值意涵，其離「道」也就愈遠。所以老子云：「故失道而後德，失德而後仁，失仁而後義，失義而後禮，夫禮者忠信之薄，而亂之首。」。此段話中，吾人必須認知「道」與「德」是永恆存在於宇宙萬物之中，所謂「失」就是被人為所扭曲忽視。而非在宇宙萬物中消失。至於「仁、義、禮」則因人、時、

地、物而價值不一。尤其是禮，因族群與時空的差異而標準
更是分歧。標準有了分歧則必各自是其所是，而非其所非。
故老子云：「夫禮者忠信之薄，而亂之首。」原來「忠信」所
具有的誠樸本質，因禮的造作矯飾而澆薄。社會的擾亂不安
也由此而生。老子對於那些制訂禮儀規章的世俗先覺者，評
為「大道的浮華表相，已失去大道的實相，真正是愚蠢的源
頭。」（前識者，道之華，而愚之始）。這稱其為「雖智大迷」
亦不為過。所以真正的有道之士，其立身處世是秉持誠樸，
而不重視虛有其表的禮儀節文；以守大道為要務，不去造作
矯飾，毫無實質的浮華表象。因此有道之士，凡事排斥澆薄
浮華，而採取敦厚誠樸的作風。（故去彼取此）

第三十九章　昔之得一者

昔之得一者：天得一以清；地得一以寧；神得一以靈；谷得一以盈；萬物得一以生；侯王得一以為天下正。

其致之也，謂天無以清，將恐裂；地無以寧，將恐廢；神無以靈，將恐歇；谷無以盈，將恐竭；萬物無以生，將恐滅；侯王無以正，將恐蹶。

故貴以賤為本，高以下為基。是以侯王自稱孤、寡、不穀。此非以賤為本邪？非乎？故至譽無譽。是故不欲琭琭如玉，珞珞如石。

異述：

　　在本異述之第十章曾在論述「載營魄抱一」時將「一」字作簡要說明。「一」可以說是「道」的異名，只是自古以來，似未有治老者說明為何老子要以「一」來代替「道」用以為文？如「載營魄抱一」（十章）「是以聖人執一為天下式」（二十二章）及本章之「昔之得一者」等，這難道是老子為了要省省筆劃嗎？應該不是吧！筆者曾於第十章之異述中提到：在哲學上「一」是一個起始點，用在數量上，向上可以累積到無量億萬，將其二分，則永無止盡。以文字符號來看「一」時，它可兩端無限延申，所以會予人以動的感覺。例如在「一」的任一端加上箭頭符號，就會有指引想像的空間，而且是無

限邈遙的空間。這個符號在今日可以通用於各不同文化的族群。更妙的是今日的電腦設計也是基於零與一的邏輯概念而發明出來的。筆者以為<u>老子</u>以「一」來替代「道」字在作用上，可以隨順各人去開拓其想像空間。或許有人會質疑何不乾脆廢「道」字而用「一」字。吾人皆知「道」之為物是不可名狀的。<u>老子</u>用來代替「道」之名相的又不止「一」字，<u>老子</u>視其所論述的命題來選擇其適當的名相。「道」字是<u>老子</u>為其「字之曰道」（二十五章）以為通稱。在本章<u>老子</u>論述的核心點是：天地萬物皆有一個根本，皆有一個始基。失掉根本或始基，則必崩毀消滅。所以在本章<u>老子</u>選用「一」來代稱「道」最為合適。如果選用「樸、靜、柔、大…」則意境就差多了。尤其是<u>老子</u>在本章中所舉的例子，如果試著代入其他<u>老子</u>常用以指「道」的字。其效果則完全走樣。（讀者可自行嘗試，本文從略。）

　　<u>老子</u>云：「昔之得一者：天得一以清；地得一以寧；神得一以靈；谷得一以盈；萬物得一以生；侯王得一以為天下正。」這段話的思想脈絡應是延續著前章「上德不德，是以有德」而來。有註家建議三十八章應與十七章參讀（<u>陳鼓應教授</u>）。筆者則建議三十八章與本章聯讀。筆者不據其層次上的分法，而是依其思想脈絡的延續性。第一個理由是本章首段的論述形式為過去完成式。所舉的例子正可充分說明「上德不德，是以有德；下德不失德，是以無德。」在本文前段筆者提出老子在本章以「一」代「道」來論述。在此應更明確地指出；<u>老子</u>是以「一」來代「道」的性德而說。但也不能單用一個「德」字來替代「道」。因為天地萬物秉「道」而來的

「德」各不相同。所以其存在的性狀亦有別。吾人可將<u>老子</u>本章首段今譯如後：自無始以來，凡是由「道」所生而保全其德的；天保有其德而得以清明；地保有其德而寧靜；神保有其德而靈妙；河谷保有其德而充盈；萬物保有其德而得以生長；侯王保有其德而天下得以安定。

　　譯文中所謂「其德」，就是萬物之所以存在的德各有其差別性。天地萬物如無其德即不能生存發展。<u>老子</u>云：「道生之，德畜之，物形之，勢成之。」（五十一章）如果萬物不各具其生存發展之德，那麼將無以為繼，亦即失去其畜養的能耐。所以<u>老子</u>據以推論（其致之也）出謂：「天無以清將恐裂，地無以寧將恐廢，神無以靈將恐歇，谷無以盈將恐竭，萬物無以生將恐滅，侯王無以正，將恐蹶。」的可能現象。吾人再把<u>老子</u>這段話今譯如後：天失去了保持清明之德，難免要崩裂；地不能保持寧靜之德，難免要震潰；神不能保持靈妙之德，難免要消失；河谷不能保持充盈之德，難免要枯竭；萬物不能保持其生存之德，難免要滅絕；侯王不能保持其貞正之德，難免要覆亡。

　　<u>老子</u>舉了這些例子用以說明天地萬物的存在各有所本，各有憑藉。推論出人世間的處世之道，都有其根本的道理。尊貴是以低賤為根本，崇高是以低下為基礎。因此侯王們會自我謙稱為「孤」、「寡」、「不穀」。這不就是把低賤當作根本嗎？有謙下之德自然百姓歸心，就是侯王存在的憑藉呀！不是嗎？<u>老子</u>為此道理下個結語云：「故至譽無譽。是故不欲琭琭如玉，珞珞如石。」這在告訴人們，最高的稱譽不是語言文字所能表達的，因此無須誇譽。處世不求像美玉那樣地華

美亮麗，寧可如石頭般的內在堅硬外表無光地被人所賤視。

　　上述的哲理其清晰處是在「德」而不在「道」。因為「道」為體，「德」為用。「道」既已創生天地萬物，「道」即具體而隱；並據體而顯其用。因此本章筆者認為是延續上章，更完備具體地闡述「德」的大用。同時認為將形而上的「道」，具體化為「一」是為了便於闡述，如將文中「得一」解成「得道」，本質無誤，但亦令人惚兮恍兮地不易把握其概念。妙哉！老子。

第四十章　反者道之動

反者道之動；弱者道之用。
天下萬物生於有，有生於無。

異述：

　　人類在思考問題時，往往受限於經驗界。凡非人類所能經驗得到的事物（包括前人累積的經驗傳承）。皆認為不可思議，甚至認為是荒謬；荒唐；怪誕。這正顯示了人類的淺薄與淺知。一般人對「道」的認知，正是被經驗的藩籬所困，而無法海闊天空地去馳騁其想像力。例如本章短短二十一字，亦未見有何冷僻艱難的用詞。然而卻不易把握其精義。在人類的經驗界中，一切都是相對的，主客永遠是對立的。以相對立的角度去想像絕對的「道」體，實非普遍能為常人所辦得到。在人類經驗界中，凡「動」必有所對待之體。那麼「道」又相對於何物而可謂「動」？「道」不是虛靜的嗎？這種矛盾是人類經驗界的矛盾。「道」體本身那絕待的性狀，既是靜，也是動。當人類用想像力去捕捉它，它必是靜的才能被想像得到。但在不捕捉它時，它是一個永恆的自我反復之動態體。不論是人類在觀測它或想像它時。人類畢竟都處於「道」中。因此永遠都得不到真象。本章老子的旨意不是要人們去了解「道」的「動、靜」與「強、弱」。而是要人們

隨順其「動」善用其「用」。吾人可回顧一下前章：「故至譽
無譽。不欲琭琭如玉，珞珞如石。」之言。或可了悟「反者
道之動；弱者道之用。」的精髓。在邏輯上，有「反」（返）
必先有「往」，有「弱」必有其相對的「強」。然而到了「極
至」之時動靜是不分的，強弱是一體的。這也不是一般人可
以想像的。但老子點出「道」變動的律則，要人隨順「道」
之「反」的性德，執持「弱」的妙用，也就能「安時而處順」
《莊子大宗師》。為了加強「反者道之動，弱者道之用。」的
理論基礎。老子接著云：「天下萬物生於有，有生於無。」這
就是說：天下萬物亦皆隨著「道」的變動，由「有」返「無」，
再由「無」生「有」，的反復變動。人為萬物之一，豈能跳脫
「道」變動的律則？

第四十一章　上士聞道

上士聞道，勤而行之；中士聞道，若存若亡；下士聞道，大笑之。不笑不足以為道。故建言有之：

明道若昧；進道若退；夷道若纇；上德若谷；大白若辱；廣德若不足；建德若偷；質真若渝；大方無隅；大器晚成；大音希聲；大象無形；道隱無名。

夫唯道，善貸且成。

異述：

　　前章（四十章）短短二十一字自成一章，看似獨立，實則有「承先啟後」之用意。承第三十九章「得一」之旨，啟第四十一章「聞道」之意。「得一」者，得「道」之「反」，順其動而用其弱。反者強，強者動，靜者弱，弱者順。牝動而牝靜。動靜合一萬物生焉。「聞道」者，聞「天下萬物生於有，有生於無」；聞「有之以為利，無之以為用。」（十一章）往昔之大智慧者，深知「道」之玄妙而順其動，用其弱。所以「不欲琭琭如玉」，寧可「珞珞如石」。但人智慧畢竟有差別。上等智慧的人聽到「反者道之動；弱者道之用。天下萬物生於有，有生於無。」都能勤勉地遵「道」而行。中等智慧的人聽到有關「道」的事物，由於對「道」瞭解有限，所以心存半信半疑。至於下等智慧的人，聽人談論有關「道」

的事物沒有不大笑的。如果下等智慧的人「聞道」而不發笑，那他所聽到的就不是真正的「道」了。這因為「道」乍聽之下，會令人以為是矛盾的。在前章（四十章）云：「反者道之動；弱者道之用。天下萬物生於有，有生於無。」這在人類平常的經驗中是無法想像的。在經驗中，認為「強」才有力，有力才能有作用。「弱」那能發揮作用呢？又在人類的經驗中怎能「無中生有」呢？一般下等智慧的人，聽到這些理論，那有不大笑，且認為荒謬無稽呢？老子為要進一步地說明其真實性，特地引用往昔有道之士所立的名言，來說明「道」之「反」與「弱」的性德與大用。老子云：「明道若昧；進道若退；夷道若纇；上德若谷；大白若辱；廣德若不足；建德若偷；質真若渝；大方無隅；大器晚成；大音希聲；大象無形；道隱無名。」在這段話中無不充滿看似矛盾的立論。「明」與「昧」相對立，「進」與「退」對立，「夷」與「纇」對立，「上」與「谷」對立，「大白」與「辱」對立，「廣德」與「不足」對立，「建德」與「若偷」對立，「真」與「渝」對立，「大方」與「無隅」對立，「大器」與「晚成」對立，「大音」與「希聲」對立，「大象」與「無形」對立。以上皆是表面對立，而內含真理奧義。不是有道之士又那能有深刻的體會。真能體會的就是所謂「昔之得一」者了。世俗凡夫肉眼觀「道」是看不見的。唯有上德者以心眼去感悟才能發現「道」的光明。「道」是往復變動不居，所以看似在後退。「道」創生了萬物，而「夫物芸芸，各復歸其根」（十六章），所以前進的「道」好似後退。平坦的「道」由於變化不息，一般人不了解，不能順應其變化，而思以人為的力量去面對它，所以反

覺不平順。「道」至高的性德,其虛靜就像低下的川谷。大道
潔白無疵不避污穢,看似沾滿黑垢,但有道之士卻能「知其
白,守其辱,為天下谷」。(二十八章)大道寬廣無邊,其虛
靜謙下的性德好似永無滿足。當其發用時其剛健的性德,反
而好像偷惰一樣。其實是「上德若谷」能「為天下谷,常德
乃足,復歸於樸。」(二十八章)本質純真有如嬰兒的性德,
卻好似隨物變化的樣子。真正的大方形是見不到稜角的。真
正的大器是不須要有固定形體的。大道的性德 ——「樸」是
可隨順自然散為各種器物的。(「樸散則為器」二十八章)最
大的音波人類反而聽不見。最大的形象反而看不見。這種大
道的性狀,人類是「視之不見,聽之不聞」(十四章)的。這
都是由於「道」幽隱而沒有名稱。「道」就是具「有」與「無」
的二象性。所以說「天下萬物生於有,有生於無。」無怪乎!
老子云:「夫唯道,善貸且成。」(今譯:只有道,善於創生
萬物,並且使萬物長成。)

第四十二章　道生一

道生一，一生二，二生三，三生萬物。萬物負陰而抱陽，沖氣以爲和。〔人之所惡，唯孤、寡、不穀，而王公以爲稱。故物或損之而益，或益之而損。人之所教，我亦教之。強梁者不得其死，吾將以爲教父。〕

異述：

　　本章被學者視爲老子宇宙生成論。這於學界或有共識。然而自古以來包括王弼與河上公的註，往往令人比老子原文還難理解。何以至此？筆者不敢妄加揣測。如果是真正體「道」的人，他寧可讀老子原文，也不參閱眾說紛紜的註本。筆者不願對歷來註本品頭論足，筆者沒有資格，亦無學術份量。但筆者在本章要提出一些或許將被批爲牽強附會的論述，這也是本書稱爲「異述」的主要原因之一，筆者稱本書爲「道德經異述」日後被視爲「異端」那是必然的。有人把一種理論闡述得天花亂墜，卻令人滿頭霧水，初聞乍看好像頗有學問，實則弄到連自己都不知所以然，那才令人「拍案驚奇」。筆者一向秉持的原則是要人家看懂、聽懂，讓人很清楚地可以指出筆者的不當處，而不是一定要人認同。

　　今日的學界（包括科學界）往往認爲幾千年前科學尚未文明，對自然界的認知，僅能單憑人類的感官經驗與經驗的

傳承轉述，因此否定了古人對今日頂尖科學的認知。認為古人不可能有今日的量子論或相對論，但是否連概念性的思想都沒有，就不能隨便否定的了。今日多少學者迷惑於古文明的奧秘？多少頂尖科學家不敢輕視古希臘的哲學思想？這傳達了什麼訊息給我們？在幾千年前真有人具有現代的科學思想，當他向人們闡述時會被人理解與接納嗎？時空轉換一下，今日筆者主張老子思想中，已具有今日科學界的宇宙論思想成分，同樣會招來譏諷甚至無所不至的撻伐。當年的哥白尼與伽利略不見容於威權的宗教界，和筆者的主張可能不見容於威權的保守學界是如出一轍的。殊不知所謂「不可思議」是指非可經驗，但確實存在或曾發生的事，誰能說老子一生中未曾發生過不可思議的際遇。沒有證據證明有或沒有，不正是表示其有可能但非必然性。今日筆者稱老子為先知先覺，大多數人都可接受。但老子云：「人之所教，我亦教之。」從此話去推想老子能夠成為先知先覺，是有某一高智慧者先去教他，才使他先知先覺。那高智慧者又是何許人呢？是擁有高科技的外星人呢？還是神秘的古人呢？莊子編造出許多有智慧的古人名字，但道德經中從未具體指名道姓地說出那一個聖人或有道之士。古來治老者皆一筆帶過，皆未深究其為何人，事實上以現有文獻也無從考究。只是「無從考究」並不是不值得考究，所以謎團疑惑將永遠存在。這些謎團疑惑終是令人滿頭霧水的根源。所以本章筆者將假設老子已具有相當程度的科學認知。這些科學認知也是來自「人之所教」，因此請勿以當時沒有望遠鏡、顯微鏡，或更先進的實驗設備來質疑筆者的立說。

　　老子所強字之曰「道」(二十五章)的是一個有無限面向，
無限成分的綜合體，因為它的無限性，所以也就具有不可思
議性。老子亦僅能約略地描述云:「有物混成，先天地生。寂
兮寥兮，獨立不改，周行不殆，可以為天下母。」(二十五章)
此語中的「天地」即泛指宇宙，「天下」即僅指地球上之萬物。
「道」這一混成物是自然本有、本存，而天地的概念是人擬
設出來的。二十世紀六○年代美國太空人阿姆斯壯踏上月球
時，他所看到的天地與古人對天地與天下的概念，自然不能
一致。將來設若人類有能力能從銀河系中心，不論是親臨或
發射任何儀器，來回顧太陽系，那麼所謂「天地」將又是一
個什麼概念？這是從宏觀的宇宙來思考。如果吾人以微觀的
宇宙來思考，所謂:「寂兮寥兮，獨立不改，周行不殆，可以
為天下母」的又是什麼？老子強字之曰「道」，強為之名曰
「大」。最後曰:「反」(二十五章)這不就是從宏觀的宇宙返
回微觀的世界嗎？以微觀的角度來思考「道之為物」，(參閱
二十一章異述)以今日的「量子波」來作個比對還真有太多
的相似處。今日的許多偉大科學家，尤其是理論物理學家，
很認真地去討論古希臘的哲學思想，而今日的古典中國哲學
研究者，是否也有意願去接觸一些今日最新的科學理論呢？
如果是肯定的，那麼筆者將量子力學中的一些概念，拿來詮
釋老子的「道」；將生物演化的歷程，用於說明「道生一，一
生二，二生三，三生萬物。」雖不一定正確，但應是提出另
一思考的方向。如果真有外星系的高智慧者用以教老子，(老
子云:「人之所教，我亦教之」。)那麼今日的科學新發現，
正足以用來證明或詮釋道德經中的宇宙生成論，至少不至於

詮釋得令人滿頭霧水。

　　本章中所謂「道」；將它視為宇宙的原質或本體，在科學上稱之為「能量」。「能量」有千變萬化的存在方式，在能量不滅與質能互變的科學理論中，有質量就有能量，這是普遍被接受的概念。在探究宇宙生成的原質時，指出「能量」即是。又有何不可呢？筆者在第一章的異述中，即對「道」與「能量」的比對有過說明。本章將僅就「道」之生一，生二，生三，生萬物來做另類的說明。在人類的概念中由「無」生「有」是不可思議的。殊不知老子所謂的「無」，是指人類無法感知的存在體，而非「虛空無物」。「能量」的存在形式，人類能感知的應是相當有限。古人不知有所謂大氣層，以為天空除了日月星辰外是空的。百年前知道有大氣層，但也以為地球大氣層之外是真空。今日的人類由於科學的文明已認為太空非空，而是充滿了電磁波，人類也知道電磁波也是能量存在的一種方式，今日所謂的輻射也是電磁波之一。在第一章異述中提過，西元二〇〇六年獲得諾貝爾物理學獎的理論即為「宇宙背影輻射」。這個理論之證實，為人類探究宇宙生成，有很大的突破。從二十世紀三〇年代起，科學界的「量子論」成為物理學界的主流理論，因研究「量子論」相關理論，而獲得諾貝爾物理學獎的有十數人，其中包括了楊振寧與李政道。這些偉大科學家的新發現，對古人來說都是屬於「無」的概念。而在今日則已然成為「有」。筆者無意訴諸科學權威來鞏固自己的想法，畢竟在科學界尚有太多有待突破的問題，如以今日之科學新發現，去宣稱已經發現老子所謂的「道」。那如非「管窺」理論，即為「井蛙」見解。不但前

人不能接受，小將遺笑後人。

全宇宙就是一個大能量體，它沒有時空，也就沒有過去或未來，也沒有內與外。它也不是一個純物理學上所謂的「能量」，因為稱為「能量」就已落入了形而下的「有」了。「有」即為「道」所生的「一」。當「能量」的密度或分布有了微小的不均，就產生了質能互變而創造出種種的元素。造成能量密度些微不均的原因，正是今日科學無法突破的問題所在。今日的科學可以用以解釋「質能」，但卻無法探索「靈能」。老子所謂「有物混成，先天地生。」就是指「質能」與「靈能」所混成之物。「質能」形成了沒有生命的元素，「靈能」則使沒有生命的物質成為有生命的原生質，由原生質再進化成細胞。（單細胞生物）再由細胞的分裂（一生二）和突變而進化成多細胞生物，以至於今日所有的動植物。老子在使用「萬物」一詞時，於不同的地方，其含蓋的範圍也不同。這是老子思想中，「萬物」是有演變進化之層次區別之表示。否則由「道」所生的「一、二、三」難道不包括在萬物之中？中國之易經被視為中國之宇宙生成哲學。其六十四掛之最基本符號即為「━」，再由兩個「━」並排而成為「━ ━」。把這兩個符號相疊則成為「☳」或「☷」的三劃符號，這不就是所謂一生二，二生三嗎？把「━」看作陽，把「━ ━」看作陰。就成為「負陰抱陽」的形式。在原子物理學中，所有元素的原子不都是處於帶負電荷的電子，與帶正電荷的原子核，正負電均衡的情況下而存在的嗎？科學家將原子的正負電荷的均衡破壞，就造成了質能互變，而產生了所謂「核能」，原先佔有空間的原子，又再度回到不佔空間的「波」狀，古

人視之為「無」。本章中，老子云：「萬物負陰而抱陽，沖氣以為和。」古人用「氣」這個詞來作說明，結果不論是「元氣」「陽氣」「陰氣」或「和氣」，都很難把握「氣」之為物是什麼？今日稱為「電氣」或「電子」則很普遍地知道就是一種「能量」。以這一觀點來解釋構成萬物的原子。各種元素的原子，不皆外環繞帶負電荷的電子，內抱帶正電荷的原子核嗎？等量的正負電荷，互為吸引振盪，來維持原子的穩定，就可用以解釋所謂「沖氣以為和」。在科學界證明原子是由正負的兩種電子波的平衡而存在。科學界也證明了不論那種波，即使彼此疊加仍保有其「獨特性」，即使加以阻隔它還是會繞射。據此而言，老子云：「獨立不改，周行而不殆，可以為天下母。」（二十五章）難道是老子自創的巧合嗎？

　　本章由「道生一」直至「沖氣以為和。」的異述應已告一段落，接下的「人之所惡，唯孤、寡、不穀，而王公以為稱。」或疑為三十九章移入。果如此，則此段文字應接於三十九章「此非以賤為本邪？非歟」之後，「故至譽無譽」之前。這留待考校學者去處理了。筆者另類思考的是將「故物或損之而益，或益之而損。人之所教，我亦教之，強梁者不得其死，吾將以為教父。」接於「沖氣以為和」之後則整章的文義可否連貫？否則置於三十九章之末段之中，文義雖相屬，但在語氣上使用「故」或「是故」過於密集，似非老子之習用形態。因此筆者大膽地試著將其接於「沖氣以為和」之後而為說。天地萬物必須處在內外均衡的狀態，以保持其穩定，然後才能存在。亦即所負的陰與所抱的陽，其量應是互補的狀態才能維持其平和，否則其物必迅速地損毀。今日生物化

學中所謂的「自由基」，就是在一個生物分子中，多出一個找不到配對的電子。這一單獨的電子，將到處興風作浪，破壞生物體中的和諧狀態。對治的方法有兩種，一種是設法將自由基去掉；另一種則是設法加一個可與之配對的電子，讓它達到「沖氣以為和」的狀態。這一自然界的道理用在人事上，即老子所云：「故物或損之而益，或益之而損。」老子習慣在談論自然現象後，轉而將其道理引用在人事上。因此上段話中「物」字已縮小範圍，指「人事」而非指「萬物」。那麼整章的文義就沒有不相屬的問題了。本章的後半段，吾人可以義譯為：萬物都須要陰陽和諧才能存在，所以人處世之道也應剛柔並濟，處於一個和諧狀態。將過份的剛或柔去除反而有益。加強不必要的剛或柔則反而有害。這個道理是前人教我的，我也以這道理來教人。前人「強梁者不得其死」的教訓，我將尊奉為教父。或許筆者本章所述將被視為附會荒誕，果如此，則筆者思欲跳脫歷來解老者的窠臼，目的達矣。（註：前述「柔」非指下章之「柔」）

第四十三章　天下之至柔

天下之至柔，馳騁天下之至堅。無有入無間，吾是以知無爲之有益。
不言之教，無爲之益，天下希及之。

異述：

　　前章論「道」之用可創生天地萬物。本章則在言「道」之德無有不克。所謂「天下之至柔」者何？直言之，「道」也。老子云：「大象無形，道隱無名。」（四十一章）「道」因為無形所以隱，因隱而不可見，故無以為之名。天下萬物舉目所見皆有形狀；皆佔空間，未有一物可稱為至柔者。「道」因無形，不佔空間，其於「天地之間，其猶橐籥乎！虛而不屈，動而愈出。」（五章）所以唯有「道」才能稱為天下之至柔。凡有形質者無論多堅硬皆「道」所創生，「道」亦皆在其中無有例外。因之云：「馳騁天下之至堅。」無形質的「道」快速周流於有形質而無間隙的萬物中並影響它們。足見至柔好似無作為卻有大作用，老子因此知道無為的益處。「天下之至柔，馳騁天下之至堅」的道理，是一種非言語的教示。「無有入無間」所呈現無為的益處，天下的人是很少能夠做得到的。人世間往往爭強鬥勝，強力作為。結果卻落得「強梁者不得其死」的下場。「欲取天下而為之者」（二十九章）能不戒惕

乎？這或許才是老子深切期盼為政者，當以懷柔的方式來駕御天下萬民，以達到「太上，不知有之」（十七章）之境界。老子舉目所見，天下之有國者能做得到的實在太少了。只好慨歎「天下希及之」吧了！

第四十四章　名與身孰親

名與身孰親？身與貨孰多？得與亡孰病？
甚愛必大費；多藏必厚亡。
故知足不辱，知止不殆，可以長久。

異述：

　　名與利是人類進入文明社會後的產物，非為「道」本自然的產物。而人的身心生命卻是「道」所創生。老子的思想是崇尚自然，絕棄人為的事物。老子對時人沽名釣譽，爭名奪利，甚不以為然。因此主張「不尚賢」「不貴難得之貨」「不見可欲」。強調人應「虛其心，實其腹，弱其志，強其骨。」（三章）在本章以反詰的口吻，來重申名利皆為身外之物，根本不值得吾人大費周章，甚至危及生命地去謀求。名譽是外人加諸己的，可與之就可奪之，也是可有可無的東西。無論如何，也比不上自己的身體來得密切。財貨的價值是人訂出來的；而人身是無價的，何者重要不言而喻。因此獲得名譽財貨，和失去身體生命，何者輕重不辯而明。凡是過甚的沽名釣譽，必定要付出重大的代價，甚至犧牲生命。想要蓄積豐富的財貨，必定會遭受巨大的無形損失。財聚則民散即其一，人為財死又其一。那要如何才能長治久安呢？老子云：「知足不辱，知止不殆，可以長久。」道理很簡單，只要安

於默默無聞，足於粗茶淡飯，就能抗拒名利的引誘而遠離禍害。只要知道停止追求名利的行為，就不會因行險僥倖而危殆。人能遠離禍害避免危殆，也就可以過著可長可久的生活了。第十九章云：「見素抱樸，少私寡欲」是偏於對為政者而言。本章所云：「知足不辱，知止不殆」則是普遍適用於一般人。然此二章可互為發明。

第四十五章　大成若缺

大成若缺，其用不弊。
大盈若沖，其用不窮。
大直若屈，大巧若拙，大辯若訥。
躁勝寒，靜勝熱。清靜為天下正。

異述：

　　老子所謂之「道」，原無形無象，本無名無字，但卻實存且「獨立而不改，周行而不殆」（二十五章）老子「強為之名曰大」（同上）故於老子書中「大」字往往有指「道」之意涵在內。例如：「大白」、「大方」、「大器」、「大音」、「大象」（四十一章）及本章中之「大成」、「大盈」、「大直」、「大巧」、「大辯」等，就是連「域中有四大」之「大」亦皆不離「道」之意涵。（「下士聞道，大笑之」此類除外）因此在本章之「大」字乃是指秉「道」而顯其性德者。所謂「顯其性德」即指其「周行不殆」的動態性德。依此來思考「大成」，其意就不僅指最完滿的東西，而是指大道在造就萬物的歷程。其歷程好似有所欠缺，但是它的作用是永不衰竭的。因大道始終是周行不殆的。域中有四大，唯「道」為首。「道」遍佈域中萬物，可謂域中之「大盈」，然其「致虛極，守靜篤」（十六章）所以好像空虛的樣子（若沖），但萬物卻由此而並作，而且永無

窮盡。當大道的性德落在人事上，則最正直的人，因隨順自然，而好像屈曲的樣子。最靈巧的人因秉「道」而為，所以好像笨拙似的。最有辯才的人能守靜而「希言自然」，看起來好像木訥似的。依大道「直若屈、巧若拙、辯若訥」的性德，顯現於萬物萬事上則「躁勝寒、靜勝熱」實為理之必然。古人云：「以躁袪寒，心靜自然涼」豈虛言哉？本章的結論謂：大道清靜無為。人當以之為立身處世之榜樣，則亦可「不弊、不窮」矣！

第四十六章　天下有道

天下有道，卻走馬以糞。天下無道，戎馬生於郊。
咎莫大於欲得；禍莫大於不知足。故知足之足，常足矣。

異述：

　　天下是否有道，可從「走馬以糞」或「戎馬生於郊」的現象來判定。而天下是否有道的根本原因卻在人。但不是指全天下的人，而是僅指極少數的統治階級。這些統治階級動見觀瞻，其態度行事風格足為天下式。統治者能見素抱樸、少私寡欲則可常使民無知無欲。統治者不見可欲，則民心不亂而安於農稼。於此之時外不興兵，內無暴民，良馬無用武之地，只好卸下戰甲退下來耕田農用，這就是天下有道。反過來說，統治者將欲取天下而為之。佐人主者欲以兵強天下，那麼「其事好還」天下將無平靜的日子。這時戰馬不足，連孕馬都得上戰場當軍馬用。無怪乎云：「戎馬生於郊」，這時就是天下無道。歸結起來，天下是否有道，完全繫於統治者是否能少私寡欲；是否能清靜無為。統治者的一念之差，將影響天下的治亂。所以天下最大的過錯，沒有超過統治者無窮的佔有欲的了。天下最大的禍害，也沒有超過統治者貪心不足的了。所以統治者只要能夠「去甚、去奢、去泰」（二十九章）就不至於感到匱乏，反而感到很滿足。能知道滿足才是真富足，也才能永感富足。所以老子在前章特別強調「清靜為天下正」的道理即此。

第四十七章 不出戶知天下

不出戶，知天下；不闚牖，見天道。其出彌遠，其知彌少。是以聖人不行而知，不見而明，不爲而成。

異述：

　　老子所謂「有道之士」或「聖人」並不帶神仙色彩，無法未卜先知。本章「不出戶，知天下」其意指一個清靜無為，能體悟大道的人，無私無欲，其心靈明不昧，能覽知天下萬理。非指知天下所發生之事情。事情的發生有其因果關係，亦即所謂來龍去脈。有道之士，只要聞其情，即可知其理。在研讀本章時，不可誤以為，真有人能不出戶，就知道天下發生了什麼事。那不就比今日國際電腦網路更厲害了嗎？所以「知天下」是推知天下萬事之理。這也才能與接下來的「見天道」成對句。世人往往偏私多欲，對天下事往往以對自己有利或偏好的角度去思考，因此無法得到真正的事理，唯有在「滌除玄覽」（十章）心明如鏡時，才能照見真理之所在。人能達到這一境界，就是不推開窗牖，在斗室之內，也能參悟天道之所在，洞察大自然之律則。如果人想要「知天下，見天道」不在清靜無為，少私寡欲下工夫，只想走遍天下去訪求。其結果將落得走越遠，越混亂，越迷糊，所知也就越少。之所以如此，實是由於奔波在外，所見之情境與自己的

私情、欲求有所牴觸。看越多，衝突也越大，最後陷入紛擾雜亂，失其理之所在。所以說：「其出彌遠，其知彌少。」天下的道理是一致的。你周邊的事物與千里外的事物其道理也是一致的。例如水就濕，火就燥，走到那裡都一樣。例如日中則移，月盈旋虧，走到那裡也一樣。不同的是各人的心境。心情好（合乎私情欲求）月盈也詩，月虧也詩，心情不佳則月圓也感傷，月虧也感傷。老子心目中的聖人，心如止水，無私無欲，清靜無為。所以不必出門遠行，就能很客觀地察知天下的事理。不必身臨其境，親眼去看，就能明白道理之所在。一切隨順自然，根本不必有意作為，只要水到渠成，自然就有成果。

第四十八章　爲學日益

爲學日益，爲道日損。損之又損，以至於無爲。
無爲而無不爲。取天下常以無事，及其有事，不足以取天下。

異述：

　　天下是否有道，不必走遍天下去訪求，從鄉間「卻走馬以糞」或「戎馬生於郊」即可得知。是否將有「戎馬生於郊」的現象發生，只要觀察統治者生活態度，是否多欲不知足就可預知。閭閻見妖孽知天下將亂，見瑞雪知兆豐年，聞蛙鳴知必豐年。這都是「不出戶，知天下；不闚牖，見天道」的例子。而這些都不需要太大的學問，重要的在於「智慧」。「智慧」如何而得呢？本章：所謂「爲學日益」不是可益其智慧，而是益其華表。統治階級，天天積心處慮地去設置一大堆冠冕堂皇的典章制度，想用以治理天下。有智慧的人，無不知其不足以治天下。如果統治階級能依循大道，天天設法去減損華麗的典章制度與政令。減損到最後什麼典章政令都不存在了，統治階級形同沒有統治的行為。這已然達到「上德無為而無以為」（三十八章）的境界了。所以老子云：「爲道日損。損之又損，以至於無為。無為而無不為。」這才是「天下有道」的緣由。老子書中對「學」著墨甚少。老子不是反對知識，而是不鼓勵去追求人文方面的知識。一切以隨順自

然為原則。在老子書中有「為道」而無「學道」之語。其中透露什麼訊息？「為道」是棄除一切人欲念的施作，凡事隨順自然不造作。「道」之為物不可說不可道，如何能「學」呢？如果是可拿來學或斅的都不是「常道」。可能是人類社會的產物 —— 政教禮樂等。這些東西愈學愈多，越斅越複雜，「法令滋彰，盜賊多有」（五十七章）是擾動天下的元兇；百姓自由發展的絆腳石。要營造有道的天下，往往不需要典章制度刑罰政令。有了這些政舉，反而造就不了有道的天下。這即為老子云：「取天下常以無事，及其有事，不足以取天下。」的道理所在。

　　筆者在此要補充說明所謂「為學」其含義不同於今日求知識做學問。而是指為政者制訂典章政令頒行天下，強迫人民遵守以遂其私欲。慾望愈多所訂之政令愈繁愈苛。所以說「為學日益」。一般註老者皆以追求知識研究學術多多益善來看待「為學日益」。以現代人的價值觀而言或是一種共識。筆者表示絕對尊重。

第四十九章　聖人常無心

聖人常無心，以百姓心爲心。
善者，吾善之；不善者，吾亦善之；德善。
信者，吾信之；不信者，吾亦信之；德信。
聖人在天下，歙歙焉，爲天下渾其心，百姓皆注其耳目，聖人皆孩之。

異述：

　　本章一開頭直接標舉「聖人」，這與四十七、四十八兩章所談論的對象都是指有道之士。本章則是進一步地喻指有道的統治者。民間的有道之士隱而無名，對天下百姓影響不大。只有當權者動見觀瞻其德如風，對平民百姓影響至鉅，所以有道的當權者，老子以聖人稱之。他被奉為聖人就是因無私欲之心，沒有個人主觀的好惡，完全以百姓自然的心為心，百姓純任自然之心即為「天心」。聖人能秉此天心去對待天下百姓，那麼善良的人，聖人會以天心對待他，不善良的人，聖人同樣地以天心去對待他。因為「善」與「不善」不能以當權者的好惡來判定，而完全依天心來權衡，這即所謂「德善」。聖人對於誠信的人，會以誠信對待他，對不誠信的人，聖人不會以詐術權謀去對待他，而是一本誠信的原則去對待他，這即所謂「德信」。總而言之，聖人治理天下秉持天心隨

順自然，收斂所有主觀意志與意欲，完全以一顆渾樸的心
── 天心，來治理天下。百姓雖然會被其耳目之欲所誤導，
但聖人還是像對待嬰兒似地呵護他們。

　　筆者有必要進一步說明的是「德善」、「德信」。有許多傳
本包括景龍本、敦煌本「德」字皆作「得」，於是許多註家就
註『「德」，假借為「得」』。何以不註「得」假借為「德」？
聖人去善待不善良的人，真的可以使人人向善嗎？聖人對不
守信的人也信任他，真的可使人人守信嗎？「德」在老子思想
中是何等重要的概念，它可說是僅次於「道」的一個概念。因
為它來自「道」，它「唯道是從」。聖人在對待善與不善，信與
不信的人，其態度也是「唯道是從」，唯道是從的善即稱為「德
善」。同理，唯道是從的信才配稱「德信」。不是鄉愿式地去對
待「不善」與「不信」的人，就可以感化他們，而獲得人人向
善，人人守信的結果。畢竟唯有聖人才能「為腹不為目」，而
平常百姓皆注其耳目是普遍現象。聖人並不會在愛護百姓的立
場上對「不善」、「不信」者有差別待遇，而是「聖人皆孩之」。

　　附注：「百姓皆注其耳目」句，百姓非皆有道之士，亦非
老子所謂的聖人，本自有其耳目之欲，對五色、五音、五味
不易拒絕其誘惑，導至會專注心力於這方面的追求而迷失其
常心。這也是造成「不善者」和「不信者」的原因，聖人才
有「皆孩之」的做風。也才夠格稱為「德善」或「德信」。聖
人治天下，並非要使百姓受感化，而皆成為聖人或有道之士。
聖人無私無欲，渾樸其心的治天下，目的是要還給百姓一個
自自然然的生存環境，令其各遂其生吧了。否則就是有所為
而為了。大大背離了老子無為而治的思想。

第五十章　出生入死

出生入死。生之徒，十有三；死之徒，十有三；人之生〔生〕，動之於死地，亦十有三。夫何故？以其生生之厚。
蓋聞善攝生者，陸行不遇兕虎，入軍不被甲兵；兕無所投其角，虎無所用其爪，兵無所容其刃。夫何故？以其無死地。

異述：

這是一篇令筆者百思不解，千想不通的道德經經文，非不解其意，亦非不通其理。筆者不解的是本章在對何人而說？為何而說？在筆者的認知裏，老子所談論的題材都是圍繞著「大道」與「上德」來立說。如此章專注於「攝生」來宣說的，真是絕無僅有。在五十九章雖宣稱「深根固柢，長生久視之道。」，但還是以「道」「德」為全章的筋骨。而且章首即提出明確的論點「治人，事天，莫若嗇」。宣示的對象很明顯地針對「治人、事天」的人。而本章闢頭只提出「出生入死」，雖說生死是天下最普遍且幾無例外的現象。認為是老子對所有的人宣教雖可通。但養生畢竟不是老子思想的重心，老子把「攝生」的道理夾雜在前稱「聖人」（四十九章）後稱「大道」（五十一章）兩章之中令人感到腦筋有些打結。起首「出生入死」句，亦令人不知所云、不解為何而云？很平常的四個字構成一句成語，卻令自韓非以下之解老者各說各

話。生與死的概念幾乎人皆有之。「出」與「入」的義涵亦童叟皆知。何以「出生入死」句成為千古解老者「玄之又玄」的問題呢？在現代語，日常生活中亦常以「出生入死」來比喻冒著生命危險，此章老子的原意究竟為何呢？此問題不解終不足以稱「解老者」。因由此延伸下來的另一問題「人之生〔生〕，動之於死地，亦十有三。夫何故？以其生生之厚。」此段話中認為有十分之三的人不能終享其壽。是因為「以其生生之厚」，問題在於老子時代，真有十分之三的人，因養尊處優，過分地奉養生命或逞欲於聲色，而「動之於死地」嗎？那時的社會經濟景況，能營造出這樣的現象嗎？（指三分之一的人能過著窮奢極侈的生活）老子真不食人間煙火，不知民生疾苦嗎？路上之餓殍，少於朱門之暴骴嗎？又老子云：「蓋聞善攝生者」之語，豈道聽塗說嗎？如此用語豈為老子之習用者哉？本章經文見於韓非子與帛書，而不見於郭店竹簡。是竹簡巧壞脫缺而使然乎？筆者無意指本章有偽入之疑，但筆者卻有長年之惑，本章所透露的思想只要細加審視，不難發覺確有些不類老子一貫的思想。如硬予「見素抱樸，少私寡欲」的思想加諸於本章，是否有過度引申之嫌呢？又善攝生者「陸行不遇兕虎，入軍不被甲兵」的原因，是以其生生之「薄」嗎？生生之「薄」就真可以「無死地」嗎？那麼貧苦的百姓，粗茶淡飯的平民，不就都屬於善攝生者了。筆者對本章之語氣與論述方式，亦覺得不像是老子所慣有的。以上諸多疑點皆為淺學孤陋的筆者，所無法解決的問題。深盼能有碩學先進能啟筆者茅塞。

第五十一章 道生之

道生之，德畜之，物形之，勢成之。
是以萬物莫不尊道而貴德。
道之尊，德之貴，夫莫之命而常自然。
故道生之，德畜之；長之育之；亭之毒之；養之覆之。生而
不有，爲而不恃，長而不宰，是謂「玄德」。

異述：

　　這是非常有代表性與指標性的一章。所謂有代表性，是
本章可以說是將第一章不可道的「道」下推到「有」的層次
來論述。亦即由形而上極抽象的概念，將之顯影露象到具體
的萬物來闡述。在第一章所謂「玄之又玄，眾妙之門」的「玄
妙」，在本章即成為易於論述的「玄德」了。所謂指標性，從
歷來治老者，對本章的了悟情況，可以窺見各家治老的功力
之高下。筆者不夠格去評比各家，但自認站在欣賞的角度去
觀賞他們的成果應不致遭非議。

　　本章申論的重點在「萬物莫不尊道而貴德」。在這一命題
中又有三個必須詳加（明確）說明的名相。其一是「萬物」
在整部道德經中（一般傳本）「萬物」一詞共出現二十三次。
其中三十四章出現三次，三十九、四十二章各出現二次。審
視各章提到萬物一詞者，絕大多數都很明顯地，在指天地之

間的生命體（包括動物和植物），而不含其他的氣體、固體、液體等無生命的東西，例如芻狗並未被視為「萬物」之一。（五章）在「萬物將自賓」（三十二章）「萬物將自化」（三十七章）及本章，「萬物」一詞很顯然地是指人類或百姓。另外兩個名相，一個是「道」，一個是「德」。這兩個名相，所涵蘊的義涵，可以說是老子思想中的鋼筋與水泥。老子用「道」與「德」建構了整部道德經的哲理，上述的三個名相在本章中均有不可或缺的份量。「道」與「德」在前面已屢有詳述。本章再度隆重推出，是居於前述各章，大都泛指與天地萬物之關係，或與統治者及被統治者的連動關係，本章則專針對與「人」的關係。「道」、「德」、「萬物」（指人）猶如繩之三股，緊密盤絞，而成一條堅韌的繩索。另外兩個重要的配角「物」和「勢」容後再詳述。

　　在四十章云：「道生一，一生二，二生三，三生萬物，萬物負陰而抱陽。」本章則云：「道生之，德畜之，物形之，勢成之。是以萬物莫不尊道而貴德。」此二章不但在語氣句法上近似，在義蘊上也有其一致性，唯本章將之聚焦在「人」來論述吧了。因此所謂「道生之，德畜之，物形之，勢成之。」以上「之」字皆指「萬物」，而本章將之限縮為指「人」。那麼「道生之……。」句就可直言謂：「道」創生了人類，同時賦予人類可謀生養的性德能耐。「道」也供應各種資材來形塑人類這一生命體；且提供適當的主客因素，來成就人類這一生命體。事實上，「道」創生了萬物（泛指生物）即同時賦予其生養繁衍的性德。在不同時空環境「道」賦予不同的性德，或在某一時空環境，「道」亦自自然然地賦予該所創生之物，

足以在該環境中生養繁衍的性德，亦即令其具有特殊的本能，各種本能沒有優劣的問題，完全為「道」所創「適材適用」的性德。人類力不敵虎豹，但可智取虎豹，蚓無足，然不須遠食而自肥。兔無尖牙利爪，然敏聽善跑，亦足以避猛獸之威。大漠缺水而駝長峰，北海奇寒而狸毛豐密，此皆「道」所賜予萬物之德。萬物各秉其性德而得食息於天地之間，故曰：「德畜之」。「道」在賦予萬物謀生之德，即同時創造可令萬物足資養身之物質，以供形塑其體，這也無所謂優劣，亦各適其性德而已。人食五穀，牛羊食草，萬物各依其性德而為食。草木亦各憑其性德而苗秀，「道」亦與之水氣沃土以利其生，此謂「物形之」。一年四季時序井然，冬雪利春耕，春陽催新苗，夏日助苗長，秋風逼穀熟。南北地異，旱澇有別。北地多旱畜牛羊，南方雨沛產魚米，此「勢成之」之謂也。時序更替，寒暑易節，雨雪陰晴，變易無不「道」本自然。大道遷流；品物流行；萬物並作，無非「道」所使然。

　　人類有感天地（道）能量無窮；作用無盡，對人有生之、畜之、長之、育之、養之、覆之之德。所以人對道無不肅然尊貴之。東方人之祭天，西方人之感恩節，原住民之豐年祭，皆基於「尊道而貴德」的心理。人類「尊道貴德」除了表現於感恩祭拜之外，尚須以遵循天道，為日常行事的準則。春耕、夏耘、秋收、冬藏，斧斤以時入山林，數罟不入污池，春夏不獼狩。這都是「尊道貴德」的具體表現。「道」之所以尊，「德」之所以貴，皆因「道」創生萬物是自自然然的，「德」在畜養萬物也是自自然的，沒有誰去命令或指使它。「道」對萬物的創生不佔有、不居功，更不會去主宰萬物而任萬物之

自化。「道」如此玄妙的性德，老子謂之「玄德」。近百年來，唯物主義者紅極一時，老學唯物論，有被奉為真理之勢，認為「道」不是有意識有目的的創造萬物，其主要理論根據是老子所云：「生而不有，為而不恃，長而不宰」。以此認為萬物的形成和變化，不是受超自然的意志所支配的，也不是某種預定的目的。這種唯物主義和無神論表明了「道」，不是精神性的實體，這個論調頗能符合某些政治人物的思想，所以會隨著政治行情而起伏。筆者沒有特定的政治立場，所以一本尊重各家之理論的態度來對待他。但是對「道」是否有意識，則持保留的立場。在二十一章筆者異述「道之為物」即特別指出「窈兮冥兮，其中有精，冥兮窈兮，其中有信。」此段文字中的「精」、「信」是有「識」的成分的。老子時代，政治力沒有介入思想界，而今百家齊鳴。老子或許因此未清楚地表明其思想的心物屬性。若將「生而不有，為而不恃，長而不宰」視為「道」無意識。難道有意識的話，就不能放棄佔有、居功、主宰的念頭或權利嗎？有權而不濫權的人，吾人硬說他無權可以嗎？年滿二十歲的青年，對政治冷漠，選舉時不去投票，能說他無權投票嗎？「道」創生了萬物，有純物質的，有具有生命的，更進而有具有思想有靈性的，這表示「道」有「物」與「靈」的二象性。在其創造的過程中雖沒有目的，但卻有機遇率，正如人類的染色體 X 和 Y 的配對一樣。因此「道」所創生之物，就有具生命與否，和具靈性與否的現象，這也是自自然然的。吾人仔細地去觀察野生動物之交配繁殖，人類認為牠們是有意識或無意識？牠們有養兒防老的目的嗎？生物的繁衍不絕，難道是生物本身的

目的嗎？筆者敢大膽地講那就是「大道」的目的。「道」既創生了萬物，「生」就是目的，「生」不僅是一個過程而必須是「存在」。「道」的性狀是變動不拘遷流不息的，因此它所創生的萬物也必須隨著回歸於「道」的遷流中。此即老子所云：「夫物芸芸，各復歸其根。」「道」的創生與物的歸根，是永恆地往復不息的，萬物秉此性德也隨著生滅不息。所以萬物也以生滅為其存在的形式。這就是萬物繁衍不息的理由。野生動物繁衍了下一代，從不會去支配主宰牠們，也沒有居功或佔有牠們。「生而欲有，為而自恃，長而欲宰」是人類的貪欲使然。「道」渾然素樸，無私無欲，人豈可因此而斷定「道」是純物質而無意識的呢？

第五十二章　天下有始

天下有始，以爲天下母。既得其母，以知其子；既知其子，
復守其母，沒身不殆。
塞其兌，閉其門，終身不勤。開其兌，濟其事，終身不救。
見小曰明，守柔曰強。用其光，復歸其明，無遺身殃；是爲
襲常。

異述：

　　本章是承上章「萬物莫不尊道而貴德」的旨意來闡述。
上章旨在提示「道之尊，德之貴」的緣由。本章則轉而提示
要如何「尊道，貴德」吾人在讀道德經時因其分章頻仍，往
往易於忽略其連貫性，而導至視同「教條」般地條條獨立。
本章不但是承接上章，甚至直接連上第一章。本章首句「天
下有始，以為天下母」就很明顯地可以看出是第一章「無，
名天地之始；有，名萬物之母」之延伸。由於「無」其「妙」
非語言文字所能表述，而「有」其「徼」則已為形而下的概
念，用語言文字來表述，自然就容易得多了。古來對「徼」
字就有幾種解釋：一、歸結；如王弼注；「徼，歸終也」，二、
作「竅」；如黃茂材本為「竅」，馬敘倫說：「徼當作竅」，《說
文》：『竅，空也』《老子校詁》，三、作「皦」解；如敦煌本
為「皦」。朱謙之說：「宜從敦煌本作『皦』。……『常有觀其
皦』，『皦者』光明之謂，與『妙』為對文，意曰理顯謂之皦

也」。四、邊際；陸德明說：「徼，邊也。」《老子音義》董思靖說：「徼，邊際也。」《道德真經解》陳景元說：「大道邊有小路曰徼。」吳澄說：「徼者，猶言邊際之處，孟子所謂端是也。」，陳鼓應將之譯為「端倪」。（見陳鼓應老子今註今譯）

　　筆者不厭其煩引述上述老學專著的解法，目的在點出「妙」與「徼」來自「無」與「有」，而此二者老子謂之「同出而異名」。何以要「異名」之？老子開宗明義地說：「道可道，非常道；名可名，非常名。」這就是何以要「異名」的理由。把不可名的「常名」借用一個可名的異名，來作近似值的論述，否則就無從說起。這是筆者認為在研讀老子本章時，讀者必先存有的概念，否則很難有恢宏的視野。「天下有始，以為天下母」。筆者特別把「有」字給抽出來。而且「天下」要與「天地」作一區隔。天地始於「無」，而天下始於「有」。天地之意涵包括全宇宙，天下則是僅指人類及其經驗所及的時空與人際關係。所以「天下有始，以為天下母」是說：人類所能感覺經驗的一切都是從「有」而來。當然「有」與「無」是同出而異名，只是老子要提示「尊道而貴德」之方時必得有個指稱詞以便於稱述。宇宙自「無始」以來就已存在。換言之，未有人類之前宇宙即已存在。當人類感知有「天下」這一存在時，「天下」這一概念就來自於「有」。簡言之，「天下」是從「有」而來的，所以「有」就足稱為天下之母了。人類能夠體悟到「有」的本質與「道」體的「無」，是「同出而異名」的，就能夠了知「道」所創生的萬物無不浸淫在「道」的「長之育之，亭之毒之，養之覆之。」（五十一章）之中。沒有一物可以背離其所創生的「道」，且必須時時謹守其所創

生的「道」，才能於生滅往復的生命歷程中沒有危險。「道」
創生的人類，予人類有足以畜養繁衍的性德。人類賴此天賦
之性德，足以「長之育之，亭之毒之」。人類天賦的性德，最
基本的即為眼能視，耳能聽，口能食，鼻能嗅，四肢百骸各
能動，或許吾人可稱這些性德為「本能」。「道」創生了人類，
並賦予人類如此豐富之本能，並未同時明確地限制人類對這
些本能的使用，如果人能珍貴地來利用天賦的本能而不濫
用，有節制地利用眼、耳、口、鼻、四肢百骸來過樸素自然
的生活，那麼一輩子都不會有憂勞的事情。這就是「尊道貴
德」。否則無限制地濫用天賦的本能，就等同揮霍奢泰。那將
助長情欲的產生，而無法反璞歸真。如此一來終身都將憂勞
危殆，而不可救助。上述就是老子所謂的「塞其兌，閉其門，
終身不勤；開其兌，濟其事，終身不救」。人之能否「塞其兌，
閉其門」而表現其「尊道貴德」則全繫乎人能否「見小」、「守
柔」。老子云：「見小曰明，守柔曰強」，道隱無名，不可見不
可說。但「道」創生萬物，而隱於萬物之中自有其「機」，其
「機」至微至小，隨「道」而流遷變化。其流遷變化有其不
變的律則，即所謂「常」。於第五十五章云：「知常曰明」。那
麼「見小曰明」與「知常曰明」其明一也。「見小」即是「見
微」，是一種感知，而非肉眼所謂的視覺。例如「一葉知秋」；
在視覺上只見一落下之枯葉，並未見秋之將至。所謂「知秋」
就是一種感知。年年見葉枯葉落旋即秋至。由此感知樹葉枯
落秋即至，是一種「常道」。所以云：「知常曰明」。因此無論
是「見小」或「知常」都是心智的作用，唯用心智才能感知
進而悟知。這種內在的「見小、知常」才是真正的「明」。能

明瞭濫用秉道而來的性德，而不珍寶它其結果，將如一葉知秋一樣的感知將落得「終身不救」。如此人能不貴德乎？又，「柔」乃「道」之性德，「守柔」即「守道」。老子云：「天下之至柔，馳騁天下之至堅」（四十三章），又云：「天下莫柔弱於水，而攻堅強者莫之能勝」，「弱之勝強，柔之勝剛，天下莫不知，莫能行。」（七十八章）又云：「柔弱勝剛強」（三十六章）由上可知能「守柔」就能發揮「弱」的大用。（四十章云：「弱者道之用」）這種大用是恆常的，不是一時的，是永久不滅的。能謹遵「道」柔弱的性德，就能與「道」長存，可攻堅強，而莫之能勝，可馳騁天下之至堅，故曰：「守柔曰強」。能明白這個道理，人能不「尊道」嗎？居於此千古不易的道理，老子奉勸人們當「用其光，復歸其明，無遺身殃。是為習常。」

　　所謂「用其光」是善用人秉道而來的靈智之光。此光乃明覺之體。人無此明覺之體，則雖陽光普照，亦不見一物。（有如盲人與昏死者）人當善用其靈智之光，以求對「常道」了然於心。如此才能回復到「見小」「知常」的「明」境。也才能「復守其母」。能「復守其母」則可「沒身不殆」，能復歸其「見小」「知常」之明就可「無遺身殃」。「沒身不殆」與「無遺身殃」是一個道理；一個緣由的。那就是人要能「尊道而貴德」。老子在本章稱之為「習常」。古來註老者，大都以「習」為「襲」之同音通假視之。筆者以為「習」本字其義亦可通。將之解為「習慣於尊道而貴德則若自然」有何不可？（註：「塞其兌，閉其門」，「兌」與「門」皆指欲望之窗，「濟其事」之「事」指貪欲私欲，「濟其事」意謂謀求滿足私欲）

第五十三章　使我介然有知

使我介然有知，行於大道，唯施是畏。
大道甚夷，而人好徑。朝甚除，田甚蕪，倉甚虛；服文綵，
帶利劍，厭飲食，財貨有餘；是謂盜夸，非道也哉！

異述：

　　「萬物莫不尊道而貴德」應是「常道」。但人往往貪欲無
知，所以每每「開其兌，濟其事」而落得「終身不救」。老子
勸人當「用其光，復歸其明」以免身殃。這道理普遍適用於
任何人。如用來審視當政者，則更見其悖道為禍之烈。非僅
「有遺身殃」而已，簡直是荼毒天下的大盜頭子。所以本章
就以假設語氣云：「使我介然有知，行於大道，惟施是畏」來
審視當政者是否能「尊道而貴德」。老子此句中之「我」非指
老子本人，而是託言吧了，真正的主角是指當政者。假使一
個當政者有一點點「見小知常」的話，在行愛民治國之道時，
最怕的是步入「開其兌，濟其事」的斜道。本來愛民治國之
道是很平坦簡便，「無為」就是了。無奈當政者往往大權在握，
就濫開其兌，廣濟其事。操短線走捷徑，來謀求眼前之利，
以滿足其私欲。即使是弄得朝政腐敗污亂，田園荒蕪遍生荊
棘，倉廩空虛民不聊生。當政者卻不改其過甚與奢泰，依然
穿著錦繡華服，佩帶銳利的刀劍，飽吃豐盛的飲食，搜刮來

的財貨，更是多得用不完。這種當政者就是土匪頭子。他們
的所做所為根本就不是愛民治國之道。這樣的當政者，非僅
政權難保，而遺有身殃，連百姓亦無法過正常的生活，而蒙
受人禍的迫害。介然有知的當權者能無畏乎？

第五十四章　善建者不拔

善建者不拔，善抱者不脫，子孫以祭祀不輟。

修之於身，其德乃眞；修之於家，其德乃餘；修之於鄉，其德乃長；修之於邦，其德乃豐；修之於天下，其德乃普。

故以身觀身，以家觀家，以鄉觀鄉，以邦觀邦，以天下觀天下。吾何以知天下然哉？以此。

異述：

　　本章依然接續著上章針對當政者應「尊道而貴德」來作為闡述的主軸。唯有當政的侯王最在乎宗廟的祭祀。在老子之世視毀人宗廟，斷人祭祀乃最慘最暴的惡事，往往也是家破國亡者的下場。又從「修之於身」乃至「修之於天下」也唯有當政的侯王能之，平民百姓則無此必要，亦無足影響邦家以至天下。上章以「介然有知，行於大道，惟施是畏」的「無為」態度來凸顯一般「人好徑」的非「道」行為。本章則進而強調「善建者」與「善抱者」的「為無為」對自身以至於對天下邦家所呈現的結果。老子云：「善建者不拔，善抱者不脫，子孫以祭祀不輟。」這是老子觀天下古今，所歸納出來的結論。其意即自古以來，凡是善於尊道而行的侯王，因其法天行健，所以其侯王的地位，是不會被拔除的。凡是善於貴德又能「知其雄，守其雌」的侯王，因其「常德不離」

（二十八章）民心不失，百姓自然不會脫離他。他們的子孫，自自然然可以不間斷地祭祀其宗廟。（表示保有其國）

所謂「善建者」即第四十一章所云：「建德若偷」，「道」的性德永恆不變，隱而穩，好像懈怠的樣子，其實是不躁進，也不停佇。一個真正能「尊道」的人必能「法地、法天、法道、法自然」。如果是當政者也能「希言自然」（二十三章）那麼百姓也會皆謂：「我自然」（十七章）。當政者到了這一境界，其地位豈能拔除？所謂「善抱者」即指第二十二章所云：「抱一為天下式」的聖人。然古來聖人不可多得，侯王得一亦足以為天下正。筆者在第三十九章異述中曾指出：老子以「一」代「道」來稱述，而且是以「一」代「道」的性德，來論述天地萬物秉「道」而來的性德，各不相同。天保有其德得以清明；地保有其德得以寧靜；神保有其德得以靈妙；河谷保有其德得以充盈；萬物保有其德得以生長；侯王保有其德天下得以安定。因此，當政者真能抱持秉「道」而來的性德，其所統治的邦國就能安定。邦國安定，民不遠徙是自自然然的事，百姓那會脫離而去呢？「侯王的子孫得以祭祀不輟」的結論，是就時間的歷程而言。知「天下有始，以為天下母」則不僅有時間的歷程，還必須有廣大的空間，以為觀察歸納的範疇。這與第四十七章「不出戶，知天下；不闚牖，見天道」並不牴觸。「不出戶，知天下」是指「道」在天地間一也。「道」在戶內或戶外其性狀都相同。有如知一隅而知其他三隅。故可不出戶而知天下。「道」創生了萬物，並賦萬物以不同的德。第二十八章云：「樸散則為器」，樸一也，而器萬也。一者同，萬者各異。故要知天下萬物之德，必得

由近而遠，由身而家；而鄉；而邦；乃至天下。對於「道」
「其出彌遠，其知彌少」，對於德，則其修彌廣，其德彌普。
老子云：「修之於身，其德乃真；修之於家，其德乃餘；修之
於鄉，其德乃長；修之於邦，其德乃豐；修之於天下，其德
乃普。」層次分明，由己身修德之真切，直修到周普天下，
因而知天下。

　　當然這是針對當政的侯王而言。但一個當政者政權在
握，往往因無法尊道貴德、少私寡欲而政令煩苛。其施政楬
櫫的理由，大都言不由衷。如果侯王能以「尊道貴德」的態
度要求自身去待人接物，那麼他的性德一定是一片真誠。唯
真誠唯能純樸而自然。以相同的態度來對待一個家（大夫的
封邑）那麼他的性德，就寬裕而自然流露。將之推廣到人口
眾多的鄉村（卿的封地），他的性德就顯得盛大。推廣到一個
邦國，他的性德就顯得豐盈。推廣到全天下，他的性德一定
博大周普。自身真能做到「尊道而貴德」就是最好的修德。
以己身誠樸之德，向外推廣，就可以來審視家鄉邦國乃至全
天下。這就是老子所云：「吾何以知天下然哉？以此」的道理。
　　（以上皆建立在「無為而無不為」的理論基礎上）

第五十五章　含德之厚

含德之厚，比於赤子。蜂蠆虺蛇不螫，攫鳥猛獸不搏。骨弱筋柔而握固。未知牝牡之合而朘作，精之至也。終日號而不嗄，和之至也。

知和曰常，知常曰明。益生曰祥。心使氣曰強。物壯則老，謂之不道，不道早已。

異述：

　　「道」創生了萬物，並同時賦予其得以生存發展的性德。萬物各有其類，憑以生存發展的性德，亦各隨順自然的生息於天地之間。唯人類則不然，人類除了具有生存的原始本能外，「道」額外的賦予人類靈敏的心智。原本靈敏的心智，是用來彌補無尖牙利爪的缺失，以便人類在生存發展的過程當中，遇到危殆時，可以用以解決困境，對人類而言，真是得天獨厚。然而常道就是物極必反。當人類不斷地濫用其心智來解決問題時，即不斷地製造了新問題。諷刺的是自然界的一些生養問題，人類憑其心智皆可得到解決。然而對人類本身所製造出來的問題，卻治絲益棼。這是因為心智同時帶來偏私與貪欲。人類所面對的人為困境，就是偏私與貪欲所造成的。人隨著年齡的增長，心智亦隨著靈巧，與心智共生的偏私與貪欲，亦跟著不斷地增長。偏私與貪欲遂成了人類的

性德之一。只是這一性德，並非人出生時之本具。而是與時間正成長，也是勢成之。

在人的一生中，以初生的嬰兒，其所含藏的天賦性德最為純厚。只有歸真返樸，少私寡欲的人，才能比得上初生的嬰兒。含德比得上嬰兒的人，那麼毒蟲猛獸都不會去傷害他攻擊他。這是因為大有德者，無害於毒蟲猛獸的生存發展呀！初生的嬰兒天賦的性德很完備也無害於他人。其性德例如：他筋骨柔弱卻具有相當的握力，足以依附母體。他還不知道男女交合的事，但其小生殖器卻時常勃起，這是本具的精氣充足的緣故。初生嬰兒整天號哭，但是他的喉嚨卻不會沙啞，這是由於元氣純厚而平和的結果。上述嬰兒那些本具的性德直接秉「道」而來，毫無後天人為的成分。所以和氣充足平和到了極點。及其長，其後天習染日增，先天和氣日消，甚至於悖道失德而遺身殃。

老子對前述的現象看得很清楚，對事情的來龍去脈洞悉其常軌，於是提出了警語。老子云：「知和曰常，知常曰明。益生曰祥。心使氣曰強。物壯則老，謂之不道，不道早已。」「道」創生了宇宙萬物，當其功成事遂，「道」並未停息，而是遷流不息地充塞全宇宙萬物之中。「和」是「道」重要的性德，宇宙中那裏失「和」，「道」自自然然地就會去調和它。以今日的術語謂之「平」（balance）。平衡才能存在，才能運作。能知道「大道」調和使萬物各得平衡（平和）的性德謂之「知常」，即知「常道」。常道隱而微地遍佈於宇宙萬物，無處不在；無微不至。因此能知常道就可說「明道」。常道的法則不是人的意識可以任意去改變的。人的生命過程也是一

定的，不是人的意念可以強力增益的。人如不順自然，縱欲貪生，好吃懶做，以為安逸可以養生，可說是大大不吉祥的。想用心智來操弄先天平和的元氣，可說是「逞強」。人為的逞強正合「將欲弱之，必固強之」（三十六章）的常道律則，而落得反效果。因為人為的逞強，是不合大道自然平衡的律則。所以凡是不合大道的作為，都將早早煙消雲散。

　　「物壯則老，是謂不道，不道早已」句已出現在第三十章，在該章是對事而言。在本章則針對人而言。所以「物壯則老」本來即是常道的律則。但那是隨順自然的成長演變，並未滲有半點人為的成分。人如果急躁地想讓事情壯大或使身體壯大，則違反了「道」自然遷流平衡的法則。因此稱其為「不道」。吾人在研讀道德經時往往易於斷章取義地質疑「物壯則老，是謂不道」與老子的思想矛盾。在本章「謂之不道」的是指人為的益生，或心使氣等違反自然的行為。絕不是指「物壯則老」的常道。天地間「夫物芸芸，各復歸其根。歸根曰靜，靜曰復命。復命曰常，知常曰明。不知常，妄作凶」（十六章）即為最好的註解。「復命」與知「和」都是「道」遷流調和使萬物平衡的性德。「益生」和「心使氣」都是不知常而妄作的行為。稱之謂「不道」也是自自然然的事。何矛盾之有？

第五十六章　知者不言

知者不言，言者不知。
塞其兌，閉其門，挫其銳，解其紛，和其光，同其塵，是謂
「玄同」。故不可得而親，不可得而疏；不可得而利；不可得
而害；不可得而貴，不可得而賤。故爲天下貴。

異述：

　　本章論述重點放在「知者」。從「知者」的人格特質；行
事風格；處世態度，來描述他。「知者」最明顯的特徵就是不
任意說話，即所謂「知者不言」。「不言」不表示不說話。人
類能使用語言以為彼此溝通的工具，這是天賦的德能，是生
存相當重要的德能。只是「知者」深明大道不是言語所能表
述，道德經開宗明義就云：「道可道，非常道；名可名，非常
名。」這是「知者」不言最大的理由。至於日常生活彼此交
往豈有不言？所以本章所謂「不言」，是不發表議論，不隨便
表達對事物的看法。如果一個人聒噪地整天發表高論，那麼
儘管其言辭多豐富流暢均「言不及道」，所以他就不會是悟道
的「知者」。走筆至此有必要對「知者」一詞釐清其所指。「知」
在古文中同「智」。而「智」不僅指腦筋靈活知識廣博型的「聰
智」而已，在古代「智」是代表對哲理的通徹，有如後人使
用「悟」或「覺」來表示高超的意識境界。有些老學專家引

用外國治老學者的著作，來證明「知」等同「智」。這無異認為外國學者對老子的研究，超越了我們本國人，當然不無可能。只是語言文字的演化與其民族的思想與邏輯是密不可分的。

筆者學生時代修習康德哲學，教授是留學維也納大學的哲學博士。他雖是中國人，但上課時卻以德語為主。當時我班才修了八個學分的德文課，以略識之無的德文程度，要研習以德文為主的康德哲學，其難度可想而知。但教授一再嚴肅地告訴我們：要研究那一國人的哲學思想，必得以其國的語言邏輯為工具，否則都不能深入亦易失真，這確實至理。今日吾人在研讀道德經不但必須以中文為工具，而且還得以老子年代的通行語文。秦漢以後漢語不論是書寫、讀音、詞義都有很大的演變。所以如果使用後起字來論證古文字的義涵，恐怕難免失真而被質疑。所以本章「知者」應是指體悟大道深明哲理的人，不能等同今日常用語「有智慧的人」來看待。又「不言」不是默默不說話，「言」字蔣錫昌說：「是『言』乃政教號令、非言語之意也。」此見解正合第二章所云：「行不言之教」第十七章云：「悠兮其貴言」第二十三章云：「希言自然」。只是本章並無明顯地表示是對統治者而發。

所以蔣錫昌所謂『言』乃政教號令」可適用於前舉三章，於本章筆者尊重其說。筆者無意以不同思想派別的孔子的事例，來解說老子的思想。只是認為老子與孔子年代極為接近，他們在使用語言文字，其義涵亦必較一致。所以在此要舉論語陽貨篇孔子與子貢的一段對話來比對「知者不言，言者不知」可有值得參考？子曰：「予欲無言！」子貢曰：「子如不

言，則小子何述焉？」子曰：「天何言哉？四時行焉，百物生焉，天何言哉？」。如以老子的標準，孔子夠不夠格稱為智者，筆者不敢妄下斷語。但孔子與子貢對話中「無言」和「不言」以及「何言」中之「言」字，顯然無關政教號令。所以「知者」不一定都得指統治者。「言」不一定將之限縮在「政教號令」，如此是否有更寬廣的思想空間，就請君自便了。至於「言者不知」在本章只是配角，用來陪襯「知者不言」而已。自東周中期起百家齊鳴，「言者」有如過江之鯽，他們都持之有故，言之成理。老子必嘗風聞其言，有感各家所言皆非「常道」。老子本未打算立言，即欲逕自出關西去，如果不是關令尹懇求老子留言，吾人今日那有道德經可資研讀？正因為百家齊鳴眾說紛紜令人莫衷一是。所以老子開宗明義地說：「道可道，非常道，名可名，非常名」。在第一章因老子沒「言者不知」的表示，所以筆者僅就其正面的義涵予以「異述」，而本章老子有「言者不知」這樣明確的義涵表示，吾人不就可以思及老子開宗明義那段話，就在暗指當時百家爭鳴都言不及「道」，其立言者皆非「知者」，老子自己立下五千言。唐朝大詩人白居易就曾為「知者不言，言者不知」提出「若道老君是智者，如何自著五千言？」的質疑。事實上老子五千言中從未明確表示過自己是「知者」，也沒表示五千言才是真理，他留下無限大的思想空間讓各人去自由想像，這也許是二千年來老學不熱不寒，但從未間斷的原因吧！

本章中「塞其兌，閉其門，挫其銳，解其紛，和其光，同其塵。」這在第五十二章有「塞其兌，閉其門，終身不勤。」以及第四章「挫其銳，解其紛，和其光，同其塵，湛兮似或

存？」這不是斷簡錯置或重置誤入。老子此言自有其深意。
何以不明說？「言者不知」故也。筆者於第四章之異述中擱
置「挫其銳，解其紛，和其光，同其塵」就是留待到本章時，
再「並案處理」。至於「塞其兌，閉其門」筆者於第五十二章
之異述中，已敘述了一個面向。在本章老子或有另一面向的
義涵，「塞其兌，閉其門」雖與五十二章同，但筆者以為前者
是爲「尊道貴德」而言。在本章則是針對「言者不知」而述。
老子之世，百家蠭起，各種學說，令人眼花撩亂不勝聞問。
老子暗示吾人最好的辦法是拒絕「聞問」，反正都是一些「不
智之言」聽多問多了正好助長其「銳」，益加其「紛」而已。
「塞其兌，閉其門」是塞自我之兌，閉自我之門。「挫其銳，
解其紛」是挫立言者之銳，解眾說之紛。也就是「眾說雖紛
紜，不聽自清淨。」如果老子復起再補一句「知者不聽，聽
者不知」那真會令人茅塞頓開，拍案稱絕。吾人觀道德經最
末兩章，並揣摩一下老子理想的社會景象，以及對「言」與
「知」的詮釋，或許不至於將筆者的「異述」視為「異端」
或「怪述」。

　　人類在歷史長河中早已演化成群居性，這應是秉道而來
的性德之一。所以人不能離群索居。可以小群而不能無群。
老子云：「和其光，同其塵」就是在告訴我們雖眾說紛紜可以
不聞不問，但還是得跟群體一起生活，要大智若愚，不可光
芒外露，此即「和其光」。大家日出而作日落而息，大智者也
得隨之而作息。男女婚嫁養家活口，大智者也得同其塵俗。
老子稱之謂「玄同」。莊子有「齊物論」，孔子有「大同」的
主張。唯老子的「玄同」論堪稱「妙論」。孔子與莊子之論可

以「高論」待之。筆者是依據「知者不言，言者不知」這一命題對前述三者的看法。老子用十八個字就表達了「玄同」之內涵怎不是妙論。讀者諸君請再翫本經八十、八十一兩章，定會認同筆者視老子之「玄同」為妙論了。

　　所謂人生境界是人為訂出的，「道」是無境界而悟道的人境界自在其中。老子哲學幾乎不談境界，但誰敢說老子沒有境界？老子簡直已達「無極界」了，「玄同」就是無極界不是嗎？老子為「玄同」作了附帶的描述。老子云：「故不可得而親，不可得而疏；不可得而利，不可得而害；不可得而貴，不可得而賤。故為天下貴。」一個過著玄同生活的大智者，外人要親近拉攏他或疏遠離棄他，都辦不到。外人要利誘他或迫害他，也辦不到。外人要尊貴他或賤視他，也無法得逞。人到了懷有如此的生活態度，不正如「含德之厚，比之赤子，蜂蠆虺蛇不螫，攫鳥猛獸不搏」的人嗎？這種人才是真正的「天下貴」而非「人之貴者」。「不可得而貴」之「貴」是別人給的貴，即謂「人之貴者」。人可貴之，自亦可賤之，故非真貴。唯有親疏、利害、貴賤都不能改變其秉道而行的性德者才堪稱「天下貴」。

第五十七章　以正治國

以正治國，以奇用兵，以無事取天下。吾何以知其然哉？以此：
天下多忌諱，而民彌貧；朝多利器，國家滋昏；人多伎巧，
奇物滋起；法令滋彰，盜賊多有。
故聖人云：「我無為，而民自化；我好靜，而民自正；我無事，
而民自富；我無欲，而民自樸。」

異述：

　　老子雖然強調自然無為，但對於從事不同工作卻非一味
地以「無為」的方式來對待。本章開頭就提出「治國」「用兵」
與「取天下」這三件事各有其方策。而且老子認為如此才是
「對症下藥」。老子主張侯王在管理國家愛護人民上，應以「無
為」為最高原則。老子云：「愛民治國，能無為乎？」（十章）
「無為」在老子的思想中常與「無欲」同時並提，讀老者往
往易於忽略其連帶關係。誤以為「無欲」僅指去除「私欲」，
殊不知「欲」是「有為」的推手。「無為無欲」簡明地說，含
有「無為不妄作」的意思。所以「欲」除了私欲的意思外尚
有「衝動」、「躁動」、「妄動」的意涵。在第三十七章老子云：
「道常無為而無不為。侯王若能守之，萬物將自化。化而欲
作，吾將鎮之以無名之樸。無名之樸，夫亦將不欲。不欲以
靜，天下將自正。」此段話中老子很明確地表示：以「無為」

來治理國家的過程中，當百姓自然發展後，會有起心動念而妄作的現象產生。對治的方式不能用刑罰政令。反而應該採取「以靜制動」的方式，來澆熄百姓的激情妄作。如此天下就會自然安定，何必有為呢？在本章老子有云：「我無為，而民自化；我好靜，而民自正。」第三十七章亦云：「不欲以靜，天下將自正。」將這些意涵拿來詮釋「以正治國」就可將之意譯為：管理國政以清靜安定為最高原則。如此一來「以正治國」的「正」字其義涵才能完整呈現出來。否則直譯為：「以正道來治理國家」，將對何為「正道」提出質疑。又設如譯成：「以清靜之道治國」則將無法想像「正」和「清靜之道」如何轉化？透過「不欲以靜，天下將自正」與「我好靜，而民自正」那麼「正」有清靜安定的意涵就很清楚了。（註：「正」「定」古音近形似可通假）

　　老子認為治國者，能秉持清靜無為的原則，就不會輕啟戰端。但「外交」不能完全操之在我。所以明知「兵者不祥之器」也不能避免「不得已而用之」之發生。那麼動用軍隊作戰，是一種很極端的作為，就不能墨守「清靜無為」了。為求勝利就必須出其不意，攻其無備，越詭奇越神速就越能致勝。至於「取天下」這件事，既不能光用清靜無為，也不能有詭詐邪奇的作為。老子認為要「以無事取天下」。老子這句話，古來註譯大同小異。筆者則有全然不同的看法。所謂「取天下」，將「取」字輾轉解為「治」，是一般的解法。筆者則將之解為「得到」或「獲得」。「天下」也不是完全包含土地、人民、主權、政府等概念的綜合體。而是偏指「百姓的擁護和信任」簡言之即「民心」。這有如羅馬教皇之於全球

天主教教民。在第二十九章老子云：「將欲取天下而為之，吾見其不得已。天下神器，不可為也，不可執也，為者敗之，執者失之。」筆者在作該章的「異述」時就提及「唾棄」和「擁護」這種「心理」現象。沒敢剽竊朱謙之在其老子校釋中「取天下者，謂得民心也。」的註釋。老子所謂「天下神器，不可為也，不可執也。」「民心」即為天下神器。民心的向背是無法強制掌控的，所以說「不可為也，不可執也。」否則將失敗而失去。又「無事」一詞，筆者將「事」字與第五十二章「濟其事」的「事」字並論。這是筆者將「將欲取天下而為之。」（二十九章）與「取天下常以無事，及其有事，不足以取天下。」（四十八章）參酌的結果。「無事」與「無為」其含意大大有別。否則在本章「以正治國」和「以無事取天下」又有何區別？老子何必多此一說？「治國」是指政權的行使、政令的推行而言。「取天下」是指贏得民心得到人民的託付而言。所以筆者大膽地將「無事」解為「無私無欲」。這類似「濟其事」（五十二章）的「事」。統治者如果「有事」必重其徭賦，必勞民傷財。統治者好大喜功年年征伐。統治者奢泰，亂興土木，皆謂之「有事」。因此「無為」是偏指對人民的拑制干擾而言。「無事」則是指對人民的驅策勞役而言。如此來看待「以無事取天下」就可以今譯為：用少私寡欲與民休息的作風，來獲得天下百姓的信任和擁護。（二十三章云：「信不足焉，有不信焉。」故譯文中加入「信任」。）試想一個最高的統治者如果偏私多欲，為了成其私逞其欲，不是採取苛政暴政之手段，就是編造美麗的謊言來耍弄百姓。那就算權力再大也都像飄風驟雨罷了，那能得到天下百姓的歸心呢？

　　老子對「治國、用兵、取天下」這三事的主張，他做了說明。老子云：「吾何以知其然哉？以此。天下多忌諱，而民彌貧；朝多利器，國家滋昏；人多伎巧，奇物滋起；法令滋彰，盜賊多有。」前述筆者將「天下」解為「民心」，那麼「天下多忌諱」就是說民心受到太多的禁制，就會怕「動則得咎」，不敢自由謀其生計，其結果就令百姓愈來愈貧困。相對的統治集團，如果多權謀，以勾結圖利，那麼國家自然會陷入昏亂。人們的創意愈多，技術愈精巧，那麼奇異與邪惡的事物，自然層出不窮。（筆者按：「奇物」與「以奇用兵」之「奇」都有「不正大、不正常」並帶有邪惡的意涵。）法令訂得愈多愈嚴苛，使人民走投無路生計難謀，只好鋌而走險，盜賊自然就愈多起來。（筆者再按：「奇物滋起」也是盜賊多之原因。蓋「奇物」也可解為「新奇而難得之貨物」。三章云：「不貴難得之貨，使民不為盜」可為參考）老子引述了這些理由，然後下結論云：「故聖人云：我無為而民自化，我好靜而民自正，我無事而民自富，我無欲而民自樸。」「無為」「好靜」可使民自化自正，就是「以正治國」。「無事」「無欲」而民可自富自樸，就是取天下獲得民心的不二法門。

　　本章中提「治國，用兵，取天下」三事。古來治老學者未有對「以奇用兵」一事，何以老子在本章中，存而不論提出看法，這令筆者不解，難道老子「以奇用兵」在本章中是贅語？筆者認為老子是有意以「用兵」的義涵來凸顯「治國」和「取天下」這種祥善之事，絕不容許有偏差之作為，否則禍福難料。同時老子「以奇用兵」之語也為下章中「正奇」之論做個伏筆。

第五十八章　其政悶悶

其政悶悶，其民淳淳；其政察察，其民缺缺。
禍兮，福之所倚；福兮，禍之所伏。孰知其極？其無正也。
正復爲奇，善復爲妖。人之迷，其日固久。
是以聖人方而不割，廉而不劌，直而不肆，光而不燿。

異述：

　　本章可以說是爲上章「以正治國」做更深入的申論。並
爲第五十章「知者不言」「爲天下貴」再做確認。（筆者按：
知者即爲本章所謂之聖人。）當政者如果「以正治國」那麼
政府的施政，將顯得似有還無，人民將感覺不到政府的存在
或牽制，而顯得生活舒泰風俗淳厚。設如當政者的施政，像
在用兵打戰一樣嚴明苛刻，人民爲了自保，將不得不採取狡
獪的手段，來應付政府的宰制。或許「以正治國」當政者沒
能享受威權的快感，但可國泰民安而爲「天下貴」。如果施政
像用兵，或許當政者有宰制人民的威風和享受民脂民膏，但
「物壯則老」政權將如飄風驟雨不能持久。這樣看來「其政
悶悶」似非好事，但福報卻倚傍在其中。「其政察察」政治看
似條理清明，災禍卻隱伏其中。有誰知道禍福的究竟呢？老
子云：「其無正也」意思是說：禍福是遞嬗不定的。「其無正
也」的「正」字與「以正治國」的「正」字意涵有別。「正」

在漢語古音與「定」近似。「其無正也」即為「其無定也」之借。老子又補充說：「正復為奇，善復為妖。人之迷，其日固久。」此話中之「正、奇」即與「以正治國，以奇用兵」之「正、奇」同義涵。「正」是福，「奇」是禍。「善」是福，「妖」是禍，但它們都可能遞變。人們迷惑於這個道理已經很久了。老子認為唯有體「道」的聖人，唯能明白其中的道理。老子云「是以聖人方而不割，廉而不劌，直而不肆，光而不燿。」這是老子對本章的結論，其意為：所以只有聖人能善於處在這個禍福無定，正奇遞演，善妖互變的世間。這是因為有道的聖人自我方正，但能知雄守雌，所以其角隅不傷人。他們雖骨氣廉稜尖銳，但能守道清靜無為，所以不會傷人。他們雖正直不阿，但能謙下守柔，所以不會得理不饒人。他們雖然高風亮節，但能隱藏鋒芒與俗和光同塵，所以不會耀眼刺人。本章老子所謂「聖人」即為「含德之厚，比於赤子」之人，不但毒蟲猛獸惡鳥不會傷他，他也不會傷人。這種聖人一定是「知者」他能與俗和光同塵，故為天下貴。吾人在讀道德經時，別因其分章頻仍，而忽略了老子思想的聯貫性與完整性。

第五十九章　治人事天莫若嗇

治人事天，莫若嗇。
夫唯嗇，是以早服；早服謂之重積德；重積德則無不克；無
不克則莫知其極；莫知其極，可以有國；有國之母，可以長
久；是謂深根固柢，長生久視之道。

異述：

　　本章最重要的論點是在「嗇」字，而議論的對象是「治
人事天」二事。「治人」即指對待自身以外的任何人，如果是
統治者，那麼就是指對待人民而言。這和政治上所謂「治理
人民」在老子思想中是有差異的。治理人民是制定許多刑罰
政令來管理人民，強制人民依統治者所制訂的規範來生活作
息，而對待人民則是一種態度上的表達，是心理意識所呈現
出來的作為。「事天」古來註家大多指向與修身有關的方向。
老子復起應該會頷首認同。然而修身的範圍實在太廣了，河
上公將「事天」直謂之「治身」。王純甫說：「事天，謂全其
天之所賦，即修身之謂也。」，嚴靈峰說：「『天』，猶身性；
以全其天也。『事天』，猶治身也。」（以上引自陳鼓應註本），
筆者按：「人法地，地法天，天法道，道法自然」天地人皆道
所創，皆自然也。在中國傳統思想中，「天」的概念常常就是
指自然。例如：所謂「天賦」，並非說有一個人格性的天來從

事授予的工作，而是指自自然然就具有的，是與生俱來的事物。所以「事天」謂之「治身」原則上是合乎老子的思想。只是「身」乃是相當具體的概念。老子當年不說：「治人事『身』，莫若嗇」而說：「治人事天，莫若嗇」就是要作一區隔。

　　域中之四大；有「天大」、「人大」而無「身大」。「身」非大因此「身」可以修而不必事，否則即為「生生之厚」矣！「事」於中國傳統用法大都指下對上，卑對尊的互動關係上而言。所以「事天」即表示必須出自恭敬之心。那麼對於吾人之肉身，老子應無「身體髮膚受之父母不敢毀傷」之思想。在第十三章老子云：「貴大患若身」老子是否有貴身的思想，筆者於該章已有「異述」於此不贅。但人之身為道所創，道隱於人身者，即是本具之性德。性德天生明矣！所以本章之「事天」其精義即在「尊道而貴德」。（五十一章）人身乃道生之，德畜之，物形之，勢成之。此皆天也。老子謂其德曰：「玄德」。於「道」曰「玄德」於人曰：「性德」。然則「治人事天，莫若嗇」。嗇何義？儉省之謂也，非吝也。珍視而不浪費始可謂「嗇」。統治者在對待其子民，宜珍視其性命財產。對待手中掌控的權力；腦中蘊藏之巧智，亦應珍視慎用。本經自三十八章以降，老子所論述的主體，偏於統治者而言。其論理則偏於「道」之性德，而少及於「道」之性狀。侯王出生於宮闕之內，手握統治權，此物形之，勢成之也。百姓生於茅屋、閭巷、敝衣、粗食亦物形之、勢成之也，皆天也。人無能擇焉。侯王治人（對待人民）當體天之玄德，珍寶其得天獨厚之權力，故應以「無為」為「嗇」。侯王坐擁天下財

富與權力當知「益生曰祥，心使氣曰強。物壯則老，謂之不道，不道早已。」而應以「寡欲」為「嗇」。此乃老子「治人事天，莫若嗇」之精義。

對於「嗇」，老子認為統治者能「無為、寡欲」就可稱為「早服」。早服又是什麼意思呢？老子稱之謂：「重積德」。在本章老子並未對重積德作任何解釋，只接著云：「重積德則無不克；無不克則莫知其極；莫知其極，可以有國；有國之母，可以長久；是謂深根固柢，長生久視之道。」但從此段話很清楚地可以發現，「重積德」將可導致「深根固柢」的結果。然後老子自己對「重積德」下的結論為：「重積德是長生久視之道。」時隔近三千年，吾人要越過語文如此漫長時間的演變，如果單從本章來探討，難免有斷章取義之病。如以今日吾人之理念去看待它，亦無法避免「自以為是，想當然耳」之譏。吾人必須從整部道德經的全貌去搜尋本章的主旨，然後再據予分析其語句的因果脈絡，如此或可少失其真。筆者不才願嘗試之。

筆者於前述中已指出統治者之「治人」以「無為」為「嗇」。其「事天」則以「寡欲」為「嗇」。「無為」於統治者即為「絕智棄辯」與「絕偽棄詐」。「寡欲」之於統治者即「見素抱樸，少私寡欲」，「欲」之於人，有口體之欲，有心理之欲，「欲」之為物，與生俱來易縱難收。俟其已縱則殆矣！因此「早服」方可謂「嗇」，「早服」意謂：先為之備，乃防患於未然之謂也。在「欲」未「萌」時即防備之。此即所謂「重積德」。「德」者秉道而俱來，為萬物畜養所必需。「欲」亦為萬物眾性德之一。人能早為之防備其縱，則其德全。所謂「全」老子云：「知

常容，容乃公，公乃全，全乃天，天乃道，道乃久，沒身不
殆。」（十六章）達到老子所言「全」之境界的先決條件是「致
虛極，守靜篤」。能「致虛極，守靜篤」則「道」虛靜之性德
全。而「虛靜」之用大矣哉！故「無不克」。「無不克」則天
下莫之能禦。天下莫之能禦則統治者就可保有其國。所以知
虛靜之德，是保有其國的根本。這是完全合乎天道的。唯有
合乎天道才能長久。如此推論，「嗇」即為保全虛靜的性德，
使之深根固柢之不二法門。所以老子為「嗇」下總結論云：「長
生久視之道」。可簡譯為：長保其侯王之位，久掌其統治之權
的道理。

　　筆者按，道德經予人有無限大的想像思維空間。人人皆
可就其所需，視其所好而擷取其義以為用，無須有正誤之辯，
道家修身認為：「嗇以治身，則精不虧」或「收藏其神形而不
用，以歸於無為。」皆無不可。筆者牽強攀附亦應無過。又
按依第十六章之內容來釋「事天」曰：「善保全其虛靜之德即
為事天」。人能固守虛靜之德則無不可處之地，無不可待之
人，亦無不可成之事，故曰：「無不克」。因其大用不可思議
故曰：「莫知其極」

第六十章　治大國若烹小鮮

治大國，若烹小鮮。
以道莅天下，其鬼不神；非其鬼不神，其神不傷人；非其神
不傷人，聖人亦不傷人。夫兩不相傷，故德交歸焉。

異述：

　　老子之世所謂大國，乃土地方千里擁千乘之國。這種大國往往民眾兵強，其國君甚易恃其國力而多所做為。不是大興土木，構築宮殿，就是興兵征伐。為遂統治者之貪欲，非得重徭賦，廣徵兵丁不可，如此無不弄得民不聊生，怨聲載道。最後不是亡於敵國外患就是禍起蕭牆之內，那裡是「長生久視之道」？所以老子在教人以「無為、寡欲」之「嗇」道來「治人事天」，以求國家的根基深厚、政權基礎穩固，如此方能長保其國，久視其位。所以老子特為治大國者，提出宜「若烹小鮮」的建言。小魚不耐煮，大火易焦，翻攪則爛，久悶則糊。烹小魚惟有溫火輕攪，才能保全其形味。治大國表面看起來，可資利用的資原廣豐，相對地其內部的矛盾也沓雜，稍一不慎則星星之火可以燎原，將一發而不可收拾。那麼該如何小心來治理大國呢？

　　上章論治人事天。本章論治大國，在老子的思想中凡事以「道」莅之，使之合「道」歸「德」則善莫大焉。所以治

大國者要遵行治大國之道，在外交上宜如第六十一章「大國
以下小國」，「小國以下大國」。在內政上則行「無為」「寡欲」
之嗇道，來培育厚植國家的根基，讓百姓「不知有之」，「皆
謂我自然」。統治者能以無為之道來治國，老子云：「為無為，
則無不治」。（三章）統治者無論內政或外交都能秉「道」而
行，就是「以道莅天下」。一個國家邦交和睦，內政安定，百
姓安居，君臣相安。既無敵國之患又無內亂之憂。「子孫以祭
祀不輟」（五十四章）則祖先之鬼魂，也不會作祟害人，非唯
祖先的鬼魂不害人，社稷后土亦不會害人，非唯社稷后土不
害人，主政者因「為無為」所以也不會傷害人民。這樣彼此
互不傷害。因此無論是統治者，或是鬼神，或是人民其性德
皆可歸於「道」。

　　筆者按：周代承襲商代祭祖先敬鬼神之風俗，認為人死
為鬼，其聰明正直者為神。時人深信祖先之鬼，可影響子孫
之禍福。亦相信社稷之神，有護祐地方之作用。此種信仰普
遍存在於老子之世，吾人不能以本章老子謂「鬼神不傷人」
一語，認定老子是無神論的唯物主義者。否則何以老子還要
強調「善建者不拔，善抱者不脫，子孫以祭祀不輟」（五十四
章）的事呢？

第六十一章　大國者下流

大國者下流，天下之牝，天下之交也。牝常以靜勝牡，以靜爲下。

故大國以下小國，則取小國；小國以下大國，則取大國。故或下以取，或下而取。大國不過欲兼畜人，小國不過欲入事人。夫兩者各得所欲，大者宜爲下。

異述：

　　本章乃承上章未盡之論，上章以內政爲論述主軸，強調「爲無爲」就可國泰民安。本章則以邦交爲論述主題。強調「守靜處下」以維國際和平。掌控大國的統治者的心態要像江河的下游一樣謙下，爲眾流之所滙歸，或像牝馬一樣柔靜，牝馬總是以柔靜征服牡馬。（姑且以馬不以牛爲喻）動物界是以靜爲謙下之道。從自然現象中得到江海之納百川以其處下。牝馬之勝牡，以其柔靜爲下。所以<u>老子</u>將此道理應用到國與國相處之道上說：「故大國以下小國，則取小國；小國以下大國，則取大國。」其意是不論國家的大小，能秉持謙下的態度來與鄰國互動，那麼就可以獲得彼此的信任。大國沒有野心，小國沒有異心，則彼此安心。其理由<u>老子</u>的說明是「故或下以取，或下而取。大國不過欲兼畜人，小國不過欲入事人。」這是說：不論是大國因謙下而獲取小國的誠心悅

服，或小國因謙下而獲得大國的信任。大國的目的只不過是要照顧小國以成其大，小國則不過是為了要入事大國以取得大國的翼護吧了！這種創造雙贏的結果，老子謂之：「各得所欲」。但其大前題是大國應主動先表現謙下的作風。故云：「大者宜為下。」這即是老子主張的「處大國之道」。

第六十二章　道者萬物之奧

道者萬物之奧。善人之寶，不善人之所保。
美言可以市尊，美行可以加人。人之不善，何棄之有？故立
天子，置三公，雖有拱璧以先駟馬，不如坐進此道。
古之所以貴此道者何？不曰：求以得，有罪以免邪？故爲天
下貴。

闡述：

　　本章論述的主題是「道」。在上篇道經中已論述了許多有
關「道」的體和用。在本章則不論其性狀或性德，而僅針對
其「貴」而爲說。本章在經文上通行本與帛書甲、乙本及<u>王
弼</u>本有差異。帛書與<u>王弼</u>本皆載「美言可以市，尊行可以加
人」。通行本則載「美言可以市尊，美行可以加人」。筆者以
爲在經義上皆可通，唯通行本其文句「美言」與「美行」爲
對，「市尊」與「加人」爲對。上下句各六字亦可爲對。其經
義亦極暢順。又第二十七章云：「善行無轍迹；善言無瑕讁」
可爲佐證。故筆者採用通行本。

　　<u>老子</u>以「道者萬物之奧。善人之寶，不善人之所保。」
爲本章主要論點。<u>老子</u>認爲「道」是萬物最深密的所在。萬
物各有其存在之道。「道」可說是萬物存在的總原理。以人而
言，「道」是善人最最珍視的寶物，同時不善人也不能不保有

「道」以為依恃。人的言語合乎「道」,就是所謂的「美言」,而美言能得到人們的尊重。合乎「道」的行為即為「美行」,一個人的行為都是合乎「道」的美行,此人自然高人一等。一個人生於世上,不能一無可取而得以存在。所以人有弱點或缺失,又怎能悖「道」而乃能生存於世呢?老子說:「美言可以市尊,美行可以加人。人之不善,何棄之有?」就是這個意思。爲了強調「道」的寶貴,老子舉人主登基,大臣就職時的儀禮為例說:「故立天子,置三公,雖有拱璧以先駟馬,不如坐進此道。」在天子登基,大臣就職時,依禮都會獻上拱璧再呈獻駟馬。拱璧和駟馬雖為貴重,但都不如跪著進言「治人,事天」之道。古代為什麼會如此珍視這大道呢?老子引建言者之言曰:「求以得,有罪以免邪?」。「道」是萬物的奧主,萬物的守護神。人能持秉道而來之德去求,那麼就是有過錯,都能免除其罪呢。因此老子對「道」下一價值判斷曰:「故為天下貴」。筆者按:第五十六章,老子亦有「故為天下貴」之語。此兩處文句同而所指有別。前者指的是有道的智者。本章則專對「道」所下的評語。

附註:「有罪以免」非指法律上之罪,而是行為上的缺失。

第六十三章 為無為

為無為，事無事，味無味。
大小多少，〔報怨以德。〕圖難於易，為大於細；天下難事，
必作於易，天下大事，必作於細。是以聖人終不為大，故能
成其大。
夫輕諾必寡信，多易必多難。是以聖人猶難之，故終無難矣。

異述：

　　本章最特別的地方是為首九個字三件事。其本身有頭無尾，沒有因果關係與下文又似不相關聯。簡直不像是一句完整的句子。但道德經全書五千餘言，已夠精簡了。老子還會毫無用意地在本章的開頭作無謂的贅語嗎？筆者孤陋，雖未能有足徵之資料以為證，但竊以為本章與下章（六十四章）所論述其道理的範疇是一致的。所以「為無為，事無事，味無味」是要貫穿六十三、六十四兩章來看才能解其端倪。簡言之，章首九字三件事是這兩章的「共首」。當吾人將本章與六十四章細翫之後，再回頭來思維此九字三事，就會豁然超悟。筆者於此先不作異述留待讀者自參。

　　「道」是不分大小多少難易的。當「道」顯現於人事上，才由人來分辨其大小多少難易。秉道而來的德，原本也沒大小之分。當人在用其德時才予大小的分別。「道」體是守恆不

變，而「道」體也是遷流不息的。在形而下的現象界，萬物萬事都隨「道」而遷流演化。即「生之、畜之、長之、育之、亭之、毒之、養之、覆之」（五十一章）最後「歸根復命」（十六章）此一歷程是周而復始。永無止息。人能明白這一道理，就不會惑於「大小多少」。而能以「治人事天」的態度去面對任何事物。「治人事天」之方無他，「早服」而已。凡事「早服」必能重積其德能。能量積厚積重了，則事無不克。以這一思維來看待本章，「圖難於易，為大於細；天下難事，必作於易，天下大事，必作於細。」則其義自明。因為這是「常理」而非「奧義」。所以老子云：「是以聖人終不為大，故能成其大」。「常理」是由「常道」而來，聖人深知「常道」自亦能用「常理」。所以總是不待物壯之時才為之。這不就是下章「合抱之木，生於毫末；九層之臺，起於累土；千里之行，始於足下。」道理的應用嗎？欲有合抱之木，植之於毫末之萌。欲築九層之臺，必先行累土。欲致千里之行，始於跨足第一步。深諳此道之聖人，始終行「早服」之道，絕不待事態嚴重時才欲以「有為」去處理它。所以能成就其遠大的目標。（此即：「聖人終不為大，故能成其大」）

筆者按：於第三十四章末句云：「以其終不自為大，故能成其大。」本章此段之末句云：「是以聖人終不為大，故能成其大。」前者是指「大道」而言。本章則是指「事」而言。一般註家皆認為本章是指「聖人」，認為聖人始終不自以為偉大，因此能夠成就他的偉大，筆者尊重其意。但吾人應注意「道」是「終不自為大」。「自為」即所謂：自認為或自以為。這與本章「聖人終不為大。」雖僅少一「自」字，但其意涵

則「差很大」矣！在老子的思想上而言，老子屢稱「道」偉大。但對聖人或智者僅稱其「為天下貴」（五十六章）或「可以長久」（五十九章）畢竟老子心中「聖人」，其義涵大大有別於儒家心中對聖人的想像了。老子是不尚賢名的，不是嗎？

　　上述是就其大小而言，至於難易則老子云：「夫輕諾必寡信，多易必多難。是以聖人猶難之，故終無難矣。」居於「道」的立場，宇宙中根本無所謂難或易的問題。萬事萬物皆本自然地隨著大道遷流變化。所謂「難易」是人有為的結果才產生的概念。「道」是無為而無不為，其至柔可馳騁於天下之至堅。（四十三章）「夫唯道，善貸且成。」豈有難易哉？但於人事則不然，人之欲無窮，而能力極有限，凡欲達到心中的理想或目標皆謂之「難」。但此類之難，人有自知之明，而大都不敢妄想。唯獨昧於「道」而往往為難自己。開口承諾是多麼容易的一件事呀！「承諾」就是有為。要兌現承諾，又要更有為，做不到就是失信。昧於「道」就隨便開口承諾就叫「輕諾」。由於昧於「道」的遷流變化，往往很難實現其諾言。故曰：「輕諾必寡信」。亦即「天下難事，必作於易」之道理。「天下」是指人世上，非指自然界。「作於易」是指人的「一念」，一念之轉何其容易呀！然而其實現可能比登天還難。所以一念之轉有多容易，其所面對的後續作為就有多難，此即「多易必多難」之謂也。因此老子結語曰：「是以聖人猶難之，故終無難矣。」這是說：有道的聖人是很難啟口，任意去作承諾，也不會隨便轉念，去做偏私多欲的想法。所以始終不會碰到困難的事。（聖人不自招惹麻煩）

　　筆者按：「是以聖人猶難之」與「是以聖人終不為大」中

之「聖人」同指「體悟大道」的智者。又「以德報怨」句疑
七十九章誤入,留待後述。

第六十四章　其安易持

其安易持，其未兆易謀。其脆易泮，其微易散。爲之於未有，治之於未亂。合抱之木，生於毫末；九層之臺，起於累土；千里之行，始於足下。
〔爲者敗之執者失之，是以聖人無爲故無敗；無執故無失。〕民之從事，常於幾成而敗之。愼終如始，則無敗事。
〔是以聖人欲不欲，不貴難得之貨；學不學，復衆人之所過，以輔萬物之自然而不敢爲。〕

異述：

在上章異述中曾提及與本章有連帶關係。而本章見於郭店簡本則又分成兩章。「其安易持」至「千里之行，始於足下」為一章，「為者敗之」至「以輔萬物之自然而不敢為」，簡本又別為一章，在簡本這兩章章次也不相接連。這表示古人之傳本，常以口頭轉述為主，如為簡冊則口授者或有誤頌，以至於會有多種相異之傳本。雖然章次及經文常有錯置，但只要把握老子思想之主軸應可理出頭緒來。本章首段「其安易持，其未兆易謀。其脆易泮，其微易散。為之於未有，治之於未亂。」可以說是接續上章「圖難於其易，為大於其細；天下難事，必作於易，天下大事，必作於細。」之理作進一步的闡述。然後再以淺顯而普遍被認知的事例，來證明其理

之不謬。那即為「合抱之木，生於毫末；九層之臺，起於累土；千里之行，始於足下。」

所謂「其安易持，其未兆易謀。」在字面上「安」是安穩安定，「兆」是徵兆跡象。但如深入地去思考老子的核心思想，則「安」字有「安守」大道的律則之意。凡事只要安守大道的性德，那麼就很容易持守。根本用不著「有為」。「兆」是跡象的意思固然不錯，但如把它解為「跳脫」是否更有新意，大道是無跡轍的，凡事依道而行無跡可尋，如果「跳脫」了大道的律則，必然出現異常的現象。凡事一出現異常現象，即表示事態趨於嚴重，即將不易處理了。反之凡事隨順自然，根本不須要刻意去圖謀什麼。所謂「其脆易泮，其微易散。」在「道」的諸多性德中有「柔」、「卑」「弱」而「脆、微」不在其中。因此「脆弱」大異於「柔弱」。「微小」「細小」亦非「卑微」。「脆」是由剛而堅硬所使然，「微」是脫離整體而零落使然。「道」的柔弱，是具無限的彈性與塑性，「道」的卑微是整體而有無限的包容性或吸納性。在吾人日常的經驗中，凡是脆的東西就很容易破裂分離，凡是微細的東西就很容易失落，其緣由皆因背離了「道」的柔弱與包容性。如果，人凡事能守柔處下（卑），那麼事事皆能圓滿終至歸「道」，又何來「泮」與「散」呢？所謂「為之於未有，治之於未亂」是在強調合「道」之「為」，與合「道」之「治」。老子主張無為，又那會要人在「未有」之時就去「有為」呢？又那會要統治者在「未亂」之時就去多事，行統治之手段呢？老子是要吾人一開始就要隨「道」而為，順「道」而治。

也就是一開始就要「為無為」，「治無治」。這也不是要人

什麼都不做，而是要隨順自然而為，無須滲雜人的任何意志，如果滲入了人的意志，則將會導至「為者敗之，執者失之」的後果。上述三件事理不就在呼應上章首句「為無為，事無事，味無味」三事嗎？接下來老子再以淺顯的事理「合抱之木，生於毫末；九層之臺，起於累土；千里之行，始於足下。」來呼應上章「圖難於其易，為大於其細」的道理。再接下來老子針對上章「為無為」作個結語云：「為者敗之，執者失之。是以聖人無為故無敗；無執故無失。」一般人對老子「為之於未有」，「為者敗之」，「是以聖人無為故無敗」。不易釐清「為之」「為者」「無為」之義涵，往往以其為矛盾，甚至認為「累土為臺」「千里之行」不都是「有為」嗎？殊不知，老子所謂「無為」是不滲入個人意志，一切隨順自然的作為，皆可稱「無為」。如果將「為」字改成「偽」字，以表示滲入了人的私意私欲的行為，或許較易瞭解「無為」之義涵。因此老子「是以聖人無為故無敗；無執故無失。」的結語，不能視同今日社會不負責任者所謂：「多做多錯，不做就無錯。」的論調。老子此話的意思，筆者以為應是：有道的統治者，沒有任何滲入私意私欲的作為，所以也就沒有未逞私意或私欲的敗事。其所謂「敗」是指「私意」的破滅，或私欲的不得逞。所謂「無執故無失」的「執」也是指「執意」而言，凡事違反常道常理，而執意要執守或謀求的，往往會壯志未酬，或落得夸父追日的下場。順便一提的是「敗之」或「失之」其義涵都是指失敗而言，無須分為失敗與失去兩種義涵。

對於上章（六十三章）老子云：「事無事」，於本章老子特別提出「民之從事，常於幾成而敗之。慎終如始，則無敗

事。」做為論據與結語。「民之從事，常於幾成而敗之」，句中民之所從何事？非「有為」者何？當然是指一般人非聽任自然，而是滲入意欲的作為。這種作為在機遇率上，碰巧合乎道的遷流變化，或有可能成功。但其機率微乎其微，因此往往在接近成功的時候，因背離了「道」的律則，而遭致失敗。奇怪的是，何以不一開始或開始不久即失敗，免得大費周章，忙了大半輩子，落得時不我與才失敗，這不是很冤枉嗎？對這種現象，老子的開示是「慎終如始，則無敗事」。此話不是要人始終如一的努力工作，也不是要人在事情接近完成時，也能像開始的時候一樣謹慎，老子是要人在事情進行到接近完成時，要如剛開始時保持其不滲入意欲的態度。不可急躁的想加速其完成。否則九層之臺可能崩毀於最後一簣。所以老子的意思是要人「慎終如始」的「事無事」才無敗事。否則畫蛇添足必然敗事。

在本章的最末一段，老子對「為無為，事無事，味無味。」作個總結。老子云：「是以聖人欲不欲，不貴難得之貨；學不學，復眾人之所過，以輔萬物之自然而不敢為。」大道創生了萬物後，雖然大道對萬物不佔有，不主宰，但萬物沒有能背離「道」的律則，而能存在與發展的。（所謂發展不是人價值判斷下的結果，而是「道」自然演化的結果）有道的聖人，他所想要做的是不預設立場，凡事不滲入個人意欲，或主觀的判斷，完全聽任自然的演變，如此也就無所謂珍貴與否的主觀價值判斷。視「難得之貨」為非自然獲得之物，何貴之有？又何求？貨之珍貴與否，不在其獲得之難易，而在其是否自然之所需。空氣與水自然而易得，人不可無之而生存，

其不貴乎？有道的聖人要絕智棄辯，（十九章）他認為「絕學無憂」（二十章）聖人所要效法或示範的，就是隨順自然，而非人為巧智。這樣才能救助一般人有為多事，終遭「幾成而敗之」的過錯。唯有如此或可輔助萬物聽任自然，隨之發展「自化」，而不敢滲入任何主觀的作為。聖人這樣的處世態度，一般人都會認為平淡無味，唯有聖人才會認為那才是最自然，可長可久之味。在六十三章與本章，老子各用了兩組「是以聖人……。」這是老子對此二章最為重要的結語，吾人宜細翫之。

第六十五章　古之善爲道者

古之善爲道者，非以明民，將以愚之。

民之難治，以其智多。故以智治國，國之賊；不以智治國，國之福。

知此兩者亦稽式。常知稽式，是謂「玄德」。玄德深矣，遠矣，與物反矣，然後乃至大順。

異述：

　　本章老子宣示的典範是「古之善為道者」應無疑議。這個「善為道者」指的是統治者，也不大有爭議。那麼接下來「非以明民，將以愚之」就必須顧及老子無為而治的思想來解讀它。一般皆解為：不是要啟發民智；使民多巧智，而是要令其保持無知無識的純樸本性。如果老子的意思是如此，則老子何不直言「古之善治國者」或「古之善以道治國者」？這顯然跟「明民」和「愚之」大有關係。老子提出「古之善為道者，非以明民，將以愚之。」這一命題，其主動者都在「善為道者」，如果如前所解「將以愚之」則是有所為而為。這是不合老子無為而治的思想基礎的。所以筆者以為「非以明民，將以愚之」是指有道的統治者，是不會用巧智去君臨天下的，而是自己謹守見素抱樸，少私寡欲的原則，表現出無知無欲的典範，來使人民隨之無知無欲。如此一來才能獲

得「然後乃至大順」的結果。這也是本章之最重點，凡不能達到「大順」的統治者，皆不足以稱為「善為道者」。老子之世，顯然沒有「善為道者」，所以「民難治」。所謂「民之難治，以其智多。」把難治歸咎於百姓智多，是卸責的統治者的託詞，追根究柢，民何以智多？不是來自於上有政策，下有對策嗎？在第七十五章老子云：「民之難治，以其上之有為，是以難治。」民難治根源在於統治者「有為」，責任完全在統治者。如一切隨順百姓之自然，焉用治？所以「民之難治，以其智多。」是指因為統治者智多，統治者想盡辦法要來限制人民，剝削人民。人民為了生存，必然苦思對策以對抗統治者，怎能怪人民智多呢？儒家不亦云：「君子之德風，小人之德草，草上風必偃」。這種上行下效的現象，也是自自然然的。所以統治者見素抱樸以臨民，則民自素樸，這也是自自然然的。因此老子語帶告誡地云：「故以智治國，國之賊；不以智治國，國之福。」統治者倚仗智巧與權謀來治國是賊害國家，殘害百姓的原兇。反之才是國家百姓之福呀！老子此段話，不是更證明「非以明民，將以愚之。」是指有道的統治者，不以聰明巧智去從事統治行為。而不是將「非以明民」解為「不啟發人民的智慧或知識」，難怪老子被誣為「愚民政策」的始作俑者，事實上老子是「愚官」思想的提倡者。筆者之異述，老子地下有知亦當頷首莞爾。

本章末段「知此兩者亦稽式。常知稽式，是謂『玄德』。玄德深矣，遠矣，與物反矣，然後乃大順。」所謂兩者是指「以智治國」的有為治國方式，和「不以智治國」的無為治國方式。有為治國，將得到禍國的後果；無為而治，將得到

福國的後果，就成為一種法則（稽式）。古之善為道者就深知此法則並遵行之，這正是善為道者的「玄德」，「玄德」之義涵太深奧太邈遠了。在五十一章老子云：「生而不有，為而不恃，長而不宰，是謂玄德」。是稱述「道」自自然然地創生萬物，也自自然然地聽任萬物之自化，既不居功亦不佔有，更不去主宰萬物這種性德就叫「玄德」。對統治者而言，能秉持見素抱樸，少私寡欲的態度，無知無識的行「無為之治」，一切聽任百姓之自化，而不主宰他們，這是善為道者之「玄德」。統治者果皆具有此「玄德」，則百姓皆與之返歸純樸，民何難治之有？斯時統治者與百姓界線已泯，更無階級，萬民皆隨順大道之遷流演化，毫無滯礙，這就達到「大順」了。筆者按：「大順」意謂順於大道，與大道合流。筆者順便一提的是老子之世以降，欲成為統治者，不靠明智巧詐，已不可得，而以明智巧詐來統治百姓想要「大順」更是不可能，人君無不欲取天下而為之。老子目睹武王伐紂一統天下，周公制禮欲匡天下，至老子之世天下益亂。無怪乎老子云：「夫禮者，忠信之薄而亂之首。」（三十八章）以周公之明智制禮，作為治天下之張本，其結果篡奪弒逆屢見不鮮，至春秋諸侯爭盟爭霸，百姓流離失所。老子姑隱其名地評云：「道之華，而愚之始。」（三十八章）

第六十六章　江海所以能爲百谷王者

江海之所以能爲百谷王者，以其善下之，故能爲百谷王。是以聖人欲上民，必以言下之；欲先民，必以身後之。是以聖人處上而民不重，處前而民不害。是以天下樂推而不厭。以其不爭，故天下莫能與之爭。

異述：

　　本章特別之處，是先舉事例以為論據，然後再推理至論點的因果關係或必然性。老子舉眾所熟知的江海納百川，而為百谷王的原因，是由於江海善於自處卑下。把江海善處下，就具有納百川的包容力，令百谷皆歸向它的道理，套用在有道的統治者。就可得到「欲上民，必以言下之；欲先民，必以身後之」的理論根據。但有一必須探討的問題是；本章所謂的聖人，如果是有道之士，其有「欲上民」和「欲先民」之心嗎？有了「上民」「先民」之欲，當然就不配稱為有道之士。所以此聖人應是老子虛擬出來的一個統治者。老子目睹當時的統治者，每每心存唯我獨尊的心態，而對其言行，卻處處表現唯我獨霸的現象，深不以為然。本章先以江海能為百谷王的原因是「以其善下之」。以此來曉諭統治者，如果想成為天下百姓之王的話，亦應仿效江海「善下之」之性德，才有可能獲得天下歸心。老子的用意可以說是釜底抽薪的辦

法。老子深知真要統治者，見素抱樸、少私寡欲是辦不到的，只好退而求其次地期盼統治者，在對待人民時能「以言下之」，「以身後之」。如此一來既可滿足統治者「上民」「先民」之欲，又可使人民少受高壓之統治。如此雖不完全可稱兩全其美，至少已是難能可貴了。老子建議統治者，對待人民「以言下之」，以示謙下，是較易做到，這或許就是侯王自稱孤、寡、不穀的理由吧！「以身後之」其意是統治者，要將自身的利益，置於人民利益之後，這就較有困難。但老子採先易後難的方式，來建議統治者，也許統治者不知不覺也就一起接受了。統治者果能「以言下之」，又能「以身後之」，那麼統治者處於上位，人民並不會感到有負累；處於民前，而人民並不感到有所損害。因此天下百姓都樂於推戴他，並不會厭棄他。這是由於有道的統治者，處處表現不與人民爭，所以天下就沒有能和他相爭的了。在此筆者有必要再作聲明，本章絕非老子要統治者如果心存「上民」和「先民」的欲念，就要以虛偽處下的權謀手段去獲得。而是老子審時度勢，知道要求統治者，無為而治是有困難的。不如虛擬一個有道的統治者，以江海為百谷王的事實以為佐證。來勸喻當時的統治者，當以謙下的態度來統治人民。那麼雖不全合「道」，但亦不失退而求其次也。

第六十七章　天下皆謂我道大

〔天下皆謂我：「『道』大，似不肖。」夫唯大，故似不肖。
若肖，久矣其細也夫！〕
我有三寶，持而保之。一曰慈，二曰儉，三曰不敢為天下先。
慈故能勇；儉故能廣；不敢為天下先，故能成器長。
今舍慈且勇；舍儉且廣；舍後且先；死矣！
夫慈，以戰則勝，以守則固。天將救之，以慈衛之。

異述：

　　本章經文之首段，有學者以其文義與後段不相屬，而疑
其為他章錯置。筆者無能置喙。又此段主要在稱述「道」之
性狀。這在上篇筆者已有詳述，在此不贅。老子云：「我有三
寶，持而保之。一曰慈，二曰儉，三曰不敢為天下先。句中
「我」並非指老子本人。而是借用有道之士的口吻來稱述吧
了，如依往例老子也可云：「古之聖人有三寶，持而保之。」
只是託古就比較沒有親切感。以第一人稱而為說，就親切且
真實得多了。「持而保之」，其含義不只執持保有它，而更有
持用它；長保它的進行式之含義。凡可稱為寶的事物，不一
定以價格來衡量，而是視其用途之大小與方便性來決定。第
一件寶是「慈」。何以「慈」為寶？老子云：「慈故能勇」。慈
是慈愛，這是父母對於子女護育之愛。父母對子女有捨身，

以保護子女之安全的勇氣。第二件寶為「儉」，老子以「儉」能致廣，而以之為寶。「儉」是惜用之意。統治者能惜用民力、兵力、財力則可土廣而民眾。所以老子云：「儉故能廣」。第三件寶「不敢為天下先」對統治者而言，當效法江海之善下之，而能為百谷王。統治者如能不爭，則天下莫能與之爭。（六十六章）所以能成萬民之首長。老子話鋒一轉，影射當世的統治者捨本逐末，捨棄慈愛只企求勇武；捨棄儉用而求廣土民眾；捨棄謙讓而謀求爭先，這種背道而行的作為，是自尋死路吧了。

　　能以父母慈愛子女之心，去愛民的統治者，是不會輕易發動戰爭的。如有戰爭一定是發生在同仇敵愾的情形下，所以一定能戰勝。統治者以父母之慈愛心，身先士卒去帶領國人防守，必定守得很鞏固的。所以上天要救助人，一定會給與他心懷慈愛，使他自衛自助。本章老子明明講有三寶，何以最後只強調「慈」這一寶？以吾人現今的標準，來檢視老子所謂的三寶，似乎是有次第排序的。對統治者而言，三寶必須全具備，才堪稱為有道的統治者。對一般人而言，保有「慈與儉」則足矣，如不得已而去其一。則去儉而保慈。儉必先「有」，「有」而不盡用；不濫用謂之「儉」。「慈」則是天賦的性德，天生萬民而「慈」與之俱，捨「慈」萬民終將滅絕，保「慈」則繁衍不息。「道」創生萬物，「長之育之；亭之毒之；養之覆之。」（五十一章）此為「道」之慈。萬物秉「道」而具此性德。人能保持此性德去待人接物，則無棄人，亦無棄物，儉在其中矣！統治者能以此性德去對待百姓，則如母之哺育子女，自然不敢為百姓先也。由上觀之，本章

的重點在「慈」。「慈」又是大道的性德之一。怪不得「天下
皆謂我：『道大』，似不肖。」道體廣大，卻不像任何具體事
物。而任何具體事物，卻都是由它而來。「慈」的作用廣大，
還可衍生許多作用，儉與謙讓即可由它而來，故三寶終歸結
為「慈」一寶。

　　附註：六十六章「以其不爭」，六十七章「不敢為天下先」，
皆指「不與天下百姓爭」。

第六十八章　善爲士者不武

善爲士者，不武；善戰者，不怒；善勝敵者，不與；善用人者，爲之下。是謂不爭之德，是謂用人，是謂配天，古之極也。

異述：

　　大道的性德內斂，無須顯露於外。表現於外者，若非虛有其表，就是黔驢之技，無足論之。真正善於帶兵的將帥，是不會炫其威武的；善於作戰的人，也不隨便顯現其健壯。（筆者按：「怒」，廣雅釋詁曰：「怒，健也」，「不怒」：不以強健示人之謂也。）善於戰勝敵人的，不會輕易與人對鬥；善於用人的，必定對人謙下。這些都叫做不爭的性德，這才可說真正善於用人，這也才叫做合於天道。這是自古以來至高的準則。本章中「不武」、「不怒」、「不與」、「爲之下」就是第五十九章「嗇」德另一種表現，其大用在「重積德」。老子云：「重積德則無不克；無不克則莫知其極。」因此本章稱其德爲「古之極也」。（參見五十九章異述）

第六十九章　用兵有言

用兵有言：「吾不敢爲主，而爲客；不敢進寸，而退尺。」是謂行無行；攘無臂；執無兵；扔無敵。

禍莫大於輕敵，輕敵幾喪吾寶。

故抗兵相若，哀者勝矣。

異述：

　　本章接續著闡發前兩章未盡的道理。把前二章的道理應用在「用兵」上。蓋老子之世，爭戰殺伐極為頻繁，百姓流離失所，民不聊生，而諸侯好戰如故。智者知此時提出反戰的主張，將爲諸侯所不容。諸侯所樂聽者，唯克敵致勝之策。老子深識時務，乃不提反兵，而設言緩兵進而弭兵。本章欲以「抗兵相若，哀者勝矣」來勸誘諸侯爲求勝，而接受其思想，以達到緩兵的目的。諸侯皆能緩兵，則征伐必少，百姓得獲喘息，此亦不失釜底抽薪之良策。老子的心中是沒有用兵征戰、攻城掠地的思想的。但現實局勢是無法規避，總得設法去面對。所以不得已，爲了應世，老子也得言兵。本章開頭「用兵有言：吾不敢為主而為客，不敢進寸而退尺。」這應是老子自己編造出來，然後託謂「用兵有言」，如此更具有權威性與說服力。因老子不是公認的著名兵法專家，其言兵是不會被重視的。託謂「用兵有言」則既神秘又有權威。

這也是<u>老子</u>智慧的另一表現。所謂：「吾不敢為主而為客，不敢進寸而退尺。」在兵法上是相當常用的道理。兵法上以靜制動，以逸待勞，以退為進等策略，不就是「不敢為主而為客，不敢進寸而退尺。」的應用嗎？而且這種處下不為先，甚至不爭的行為，不正是合乎<u>老子</u>的思想嗎？果真諸侯都能在用兵上採取「不敢為主而為客，不敢進寸而退尺」的作法，戰爭有可能發生嗎？不爆發戰爭，有行陣也派不上用場；雖有雙臂亦無須奮臂作戰；雖有兵器亦無須執以殺敵；就是想迎戰亦無敵人可戰。所以談用兵，禍害沒有大過輕敵躁進的。上章「善為士者不武，善戰者不怒，善勝敵者不與。」都是不輕敵的表現。如果將帥自恃其麾下雄兵，整日耀武揚威，時時想請纓出戰，這樣輕敵好戰，必然會喪失統治者的三寶。失掉「慈」，士卒不知為何而戰，也不知為誰而戰，那會奮勇作戰呢？失掉「儉」，則不能「厚積德」，其「財用兵力」將不足，何能廣戰久戰？統治者好爭而輕啟戰端，師出無名，那能獲取民心的支持？所以輕敵好戰，禍害無窮，其敗亡指日可待。<u>老子</u>對勢均力敵的作戰兩方，判定「哀者勝矣」。此句中所謂「哀者」，「哀」愛也，慈愛之謂也。敵對的兩國，最後一定是有慈愛之心的一方，能得到全體軍民的擁戴，甚至收攬了敵對國的人心，那他就是勝利的一方。

　　<u>老子</u>表面在談如何用兵致勝，而骨子裏是在弭兵。沒有戰爭就不須要用兵。不輕敵就是「不武、不怒」也就不會輕啟戰端，能「慈愛」則視人民如子女，視士卒如兄弟，豈忍驅之於戰場？諸侯若皆能以慈為寶，不敢為主而為客，那麼何來戰爭？又何來勝敗？這個道理是<u>老子</u>無為而治思想的應

用，使之達到「不戰而勝」的雙贏結果。能應用這道理的才配稱「善為士者」，<u>老子</u>讚云：「是謂配天，古之極也。」（六十八章）

第七十章　吾言甚易知

吾言甚易知，甚易行。天下莫能知，莫能行。
言有宗，事有君。夫唯無知，是以不我知。
知我者希，則我者貴。是以聖人被褐懷玉。

異述：

　　本章有承上章啟下章的意味。上章老子借用兵者之言曰：「吾不敢為主而為客，不敢進寸而退尺。」此言甚易知，也甚易行。老子很可能曾向很多諸侯提過，但終究天下沒有人，能真瞭解它的涵意，更沒有能夠據以實行的人。因此天下依然征伐不輟，百姓依舊流離失所。老子只好慨然離周西行，在涵谷關，重提用兵之言後，很自然地就發出了本章之言論。老子因往昔之言論容易明白，也容易實行。但就是無人去瞭解它；去實行它。把老子的話當成毫無根據的空話。所以老子此時就提出聲明云：「言有宗，事有君。」以表示其所說的話；所論的事都是以大道為根據的。無奈的是大家都不瞭解大道，所以對老子說的話也就不瞭解了。明白老子所說的大道的人太少了。能效法大道的人又更少了。這就是「聖人被褐懷玉」的原因吧！

　　老子云：「夫唯無知，是以不我知。知我者希，則我者貴。是以聖人被褐懷玉。」此話中「無知」，非指人們無知識，而

是指一般人，對人道蒙然無所知。因此也就無法認識老子的「道」。全天下不是真「莫能知，莫能行。」老子指的是全天下的諸侯而言。至於民間則尚有極稀少的人明白大道，有極少的人在效法大道。只是那些知「道」和行「道」的有道之士，他們處下虛靜，見素抱樸，不為人所知。這些人有如「被褐懷玉」，毫不引人注目。

　　筆者按：「物以稀為貴。」天生萬民知「道」者寥寥。此寥寥區區之數可謂「貴」。「玉」石也，石中之稀有而美者也。亦公認為「貴」。老子心中的聖人，就是指那極少數的有道之士。這些人外表與尋常百姓一樣的被褐皂巾。看不出有何特別。但他們的內在含蘊著大道的純真，有如被褐懷玉之人。又本章「聖人」一詞非老子自稱，是泛指那些有道之士。不可以為老子提倡謙下，反而自稱聖人而質疑他。

第七十一章　知不知

知不知，尚矣；不知知，病也。聖人不病，以其病病。夫唯病病，是以不病。

異述：

　　本章可以說是針對上章「夫唯無知，是以不我知。」而發。一般人的常情，是不會承認自己不明白道理。所以往往就夸夸其詞地炫燿自己的知見。簡直就是庸人穿金佩玉。老子認為這就是「無知」之病。因此在本章就曰：「知不知，尚矣；不知知，病也。」其意謂：自己心裏明白宇宙浩瀚而自己所知極其有限，簡直就是無知，所以就表現出一副無知無識的樣子。事實上，由於他能體悟大道的混樸，所以也就顯出其真樸的樣子。這種人才是最高尚的了，反過來說，自己所知有限，甚至濛然毫無所知，而自以為瞭知大道，那才是大大的缺失呢。至於那些體悟大道的人，老子云：「聖人不病，以其病病。夫唯病病，是以不病。」這是說：聖人沒有不知以為知的缺失，是因為聖人厭惡不知以為知的缺失。正因為聖人厭惡那種缺失，所以也就不會有那種不知以為知的缺失。

　　本章如果將之視為老子對「吾言甚易知，甚易行。天下莫能知，莫能行。」的一種反應實不為過。老子之世百家爭鳴已揭序幕，各種學說滿天下，均持之有故、言之成理。以

之遊說諸侯，位列卿相者有之，結果天下益亂。與其誤認悖道的言論，當成真理去遊說諸侯，倒不如表現一副無知的樣子去面對諸侯，免得推波助瀾，弄得天下無寧日。老子本章所言實是有感而發。

第七十二章　民不畏威

民不畏威，則大威至。
無狎其所居，無厭其所生。夫唯不厭，是以不厭。
是以聖人自知不自見；自愛不自貴。故去彼取此。

異述：

　　物極必反，是老子思想中重要的一部分。天下萬物萬事，莫不如此。這道理亦普遍被認知。唯當局者迷，看不清現狀，更看不清事物演變的方向，直到回天乏術則為時已晚，統治者貪求無厭，好大喜功，生活極盡奢泰之能事。為滿足他們那些永不滿足的需索，統治者濫用威權設刑立禁，繁徭重賦，以對待百姓。百姓的生存空間被壓縮到極點時，強力反彈是必然的。統治者不是不知這道理，而是他們根本感受不到百姓被壓迫的滋味，不知道百姓已被壓得活不下去了。由於統治者迷於物慾，惑於權力。尚不斷地加重其威權的力道。等到百姓置死生於度外地起來反抗時，更可怕的威勢就降臨到統治者的頭上了。所以老子云：「民不畏威，則大威至。」就是這個道理。其實老百姓的要求不多，安居樂業而已。統治者不要仗恃威權，壓迫人民的生活空間，不要去壓榨人民的生活資源，讓人民得以各安其居、各遂其生。也唯有不使用壓迫手段的統治者，人民才不會厭棄他。所以老子像是在忠

告統治者云：「無狎其所居，無厭其所生。夫唯不厭，是以不厭。」但老子諄諄之言，真的「天下莫能知，莫能行。」（七十章）怪不得老子接著說：「知我者希，則我者貴。聖人被褐懷玉。」（七十章）有道的聖人從外表是看不出來的。老子心目中的聖人是「自知不自見；自愛不自貴。」意思是有道的聖人，沒有不知以為知的缺失。有這種自知之明（三十三章），所以聖人自知其德，而不顯現其能，自愛其能，而不自貴其生。明白地說：就是寧可被褐懷玉，也不為繡花枕頭。這就是「去彼取此」之所指。

　　「是以聖人自知不自見，自愛不自貴。」這段話是指有道的統治者的處世態度。其意可更明白而直接的直譯為「所以有道的統治者，能自知其德（職責）而不顯現其威以壓迫人民。能自愛（儉嗇）以重積其德，而不自貴其生，以壓榨民生。」筆者按：統治者的職責無他，「治人、事天」而已。而老子曾云：「治人、事天，莫若嗇。」這話老子稱其為「深根固柢，長生久視之道。」（見五十九章）所以說「自愛不自貴。」是統治者嗇德的實踐當可通。

第七十三章　勇於敢則殺

勇於敢則殺，勇於不敢則活。此兩者，或利或害。
天之所惡，孰知其故？〔是以聖人猶難之。〕
天之道，不爭而善勝，不言而善應，不召而自來，繟然而善
謀。天網恢恢，疏而不失。

異述：

　　上章「民不畏威，則大威至」正與本章「勇於敢則殺，
勇於不敢則活。」前後呼應。統治者勇於爭強好勝，勇於欺
壓人民，到最後一定引起人民強力反彈，而亡其國。如果統
治者能勇於去甚、去奢、去泰，勇於不敢為天下先。那麼統
治者「處上而民不重，處前而民不害，是以天下樂推而不厭」
（六十六章）他的統治地位就深根固柢，可以長生久視（五
十九章）。此兩者同樣都是勇，但其結果則或利或害。利害的
關鍵是什麼呢？天曉得？天道所厭惡的，有誰知道其緣故
呢？對於這問題，老子提出他的看法云：「天之道，不爭而善
勝，不言而善應，不召而自來，繟然而善謀。天網恢恢，疏
而不失。」其意謂：大道隱而無名，處下不爭，守靜致虛，
自然無為。其常處卑下，則如江海之納百川。以其不爭，故
天下莫能與爭，是謂不爭而善勝。以其守靜致虛，虛而不屈，
動而愈出，是謂不言而善應。以其自然無為而無不為，「善貸

且成」（四十一章）故謂之「繟然而善謀」。「道常無名樸。雖小，天下莫能臣。侯王若能守之，萬物將自賓。」故曰「不召而自來」。大道如天網，其大方無隅，大象無形，其虛若寬疏，無為無執，是謂「疏而不失」。

　　老子曰：「反者道之動；弱者道之用。」（四十章）而本章「勇於不敢則活」句中「不敢」即為弱之表現。道體虛無，其性德柔弱。而柔弱才足以勝剛強（三十六章），也唯「天下之至柔，馳騁於天下之至堅」。（四十三章）以是觀之，弱之用不可謂不大。反觀「勇於敢則殺」，句中「敢」即為堅強之表現。老子云：「堅強者死之徒，柔弱者生之徒。」（七十六章）由上觀之「天之所惡」唯悖「道」之性德者為惡，庶幾近「道」矣！能秉「道」而行，則「天之道，利而不害」。（八十一章）

第七十四章　民不畏死

民不畏死，奈何以死懼之？若使民常畏死，而爲奇者，吾將得而殺之，孰敢？
常有司殺者殺。夫代司殺者殺，是謂代大匠斲。夫代大匠斲者，希有不傷其手矣。

異述：

　　本章乃承前兩章而闡發。「民不畏死，奈何以死懼之？」呼應著七十二章「民不畏威，則大威至。」而「夫代司殺者殺，是謂代大匠斲。」呼應著七十三章「勇於敢則殺，勇於不敢則活」。當人民生活在暴政之下，過者生不如死的日子。人民那會在乎死？在這種情況下，為政者再以死去威逼人民，企其順服，人民又何懼之有？統治者如再進一步地去壓迫人民，人民必定揭竿而起來抗暴，斯時就是「大威至」。假如統治者行無為之治，人民安其居，樂其俗，又有誰不愛惜生命而輕死呢？如果人民都能愛惜生命，深怕受到死亡的威脅，那麼只要有詭異亂群的人，政府就把他抓來殺掉，誰還敢作害群之馬呢？夫物芸芸終將歸根復命，天地間一直有專司殺生者來殺戮萬物，萬物出生入死自有律則，不需人來代勞。如果硬要代替天地間，專司殺生者來主持殺戮，這就有如平常人要代替木匠砍斲木頭。代替木匠砍木頭的人，很少

不砍傷自己的手的。

　　如統治者勇於敢代司殺者殺，而民已不畏死，則亦不畏統治者之威。民不畏威，則將有大威降臨統治者的頭上。斯時不只如代大匠斲而傷其手而已。將印證老子「勇於敢則殺」之言。

第七十五章　民之饑

民之饑，以其上食稅之多，是以饑。
民之難治，以其上之有為，是以難治。
民之輕死，以其上求生之厚，是以輕死。
夫唯無以生為者，是賢於貴生。

異述：

　　純以生理需要而言，人人的糧食消耗量應大致一樣，不會因統治階級和被統治階級的差別而有所不同。在無重大天災的情況下，人民會有饑荒的現象，是因為統治者聚斂吞吃稅賦太多。因此才使人民無法供應而陷於饑餓。人民沒有不想安居樂業的，但何以會對政府的施政反彈，甚至反抗統治者的統治，那是因為統治者倚仗巧智強作妄為，已到「狎其所居，厭其所生」（七十二章）的境地，因此人民難以管治。人原本沒有不重視生命的，但何以人民會不畏威、不怕死？那是因為統治者自己奉養奢厚，不顧人民的死活，所以人民輕於犯死。統治者的生活態度，直接影響到人民是否饑餓難治，和不畏威、不怕死。這樣看來只有不重視口體之養清靜恬淡的人，才是勝於奉養奢厚的人。

　　人民對政府最大的負擔不外徭役與稅賦。統治者清靜無為，外不興兵，內不構宮築臺，則徭役輕。統治者少私寡欲，

無以生為，則稅賦薄。統治者能清靜無為，恬淡寡欲，則行輕徭、薄賦之政。「輕徭」民得以事農桑，「薄賦」民足以養家而有餘糧。民能「甘其食，美其服，安其居，樂其俗。」（八十章）人民安居樂業，何難治之有？又何至於輕死？這應是老子清靜無為，見素抱樸的政治邏輯吧！

第七十六章　人之生也柔弱

人之生也柔弱，其死也堅強。
草木之生也柔脆，其死也枯槁。
故堅強者死之徒，柔弱者生之徒。
是以兵強則滅，木強則折。
強大處下，柔弱處上。

異述：

　　本章依然在強調大道柔弱的性德。老子云：「物壯則老，是謂不道，不道早已。」（三十章）事物的發展無論是蓬勃的發展或是緩慢的發展，其共通點就是在其具有相當的可塑性。凡是可塑性皆具有一定的柔軟性。當事物發展到極點時就是老子所謂的「物壯」之狀態。處在「物壯」的狀態時，已不再具有柔軟的可塑性。反而成為堅硬的性質。在此情狀下，不是「其脆易泮」（六十四章）就是被至柔所任意馳騁（「天下之至柔，馳騁於天下之至堅，無有入無間。」四十三章）萬物莫不皆然。人還活著時，時時在新陳代謝；時時在變化，顯現出一副柔弱的樣子。（不以心使氣的自然狀態）當人死後沒多久，四肢百骸即呈僵硬的樣子，再不久就腐化了。人認為無情的草木也是一樣，當其生長的時候呈現的是一副柔脆的樣子，當其死亡，則變為枯槁僵硬。依此律則看來，凡顯

露堅強性狀的，都是屬於死物一類的東西；凡是顯現柔弱性德的，都是屬於生物一類。堅強代表著不能隨順自然的變化，故無法逃避「物壯則老」的律則，終不免「早已」。唯有「柔弱」，才能隨順大道性德的遷流變化，而與道皆往。所以保有「柔弱」的性德者，才是能夠存活下來的一類。如果將此理來檢審軍隊，那麼自恃兵勢強盛的一方就會恃強而驕；而敗；而滅。就好像樹木長得特別高大一樣，落得「樹大遭風引雷」，或召來斧斤砍伐的後果。在「堅強者死之徒，柔弱者生之徒」這一律則下，強大反而是處下風，柔弱才是處上風。

　　筆者按此章中之「處下、處上」與六十六章「江海之所以為百谷王者，以其善下之，故為百谷王。」及六十八章「善用人者，為之下。」其「下」字義涵完全不同。本章之「上、下」是有價值判斷優劣意味之用詞。非老子重要思想「謙下、卑下」之義涵。本章是「強大」與「柔弱」兩種性德相比較後，老子下的價值判斷。這可引用第三十六章老子云：「柔弱勝剛強」來做最好的證明。

第七十七章　天之道

天之道，其猶張弓與？高者抑之，下者舉之；有餘者損之，不足者補之。

天之道，損有餘而補不足。人之道，則不然，損不足以奉有餘。

孰能有餘以奉天下，唯有道者。

是以聖人為而不恃，功成而不處，其不欲見賢。

異述：

　　本章內容闡述的層次有如道德經之縮小版。先言天道，次言人道，最末再言聖人之道。而天道是不可言說的，本章即以譬喻法，以「張弓」這一普通的經驗為喻，來說明天道調和與平衡的性德。「張弓」在古代是再普通不過的平常事，但到了二十世紀後，就變成稀有的經驗，尤其是讀書人，真正見過弓，並學過張弓者，則以「鳳毛麟角」，亦不足以喻其稀。因此對本章老子張弓之喻，很容易僅憑想像去了解它。所以對所謂「高者抑之，下者舉之；有餘者損之，不足者補之。」就不是人人見解相同。因此老子此段話，在古代無須註解，人們很容易了解，時至今日，則變為眾說紛紜。雖然「張弓」這一事不是本章之討論主題，但亦不宜誤導而偏離事實。否則本章「損有餘而補不足」的天道以「張弓」為喻，就有欠明確的疑慮。

　　「張弓」一詞，據說文解字曰：「張，施弓弦也」。而「施

弓弦」現代人有解為「繫弦於弓」者，亦有解為「拉開弓弦」者，此二者其差異南轅北轍。依筆者之見，「張弓」應是指搭箭拉弓而言，而不是指「繫弦於弓」。繫弦於弓是專業製弓者的工作，並非普遍的經驗。又弦的長短豈可任意增減？（不能補長）吾人在引譬舉例時，當以越淺顯越普遍的事例為佳。因此「張弓」就是拉開弓弦，蓄勢待發的狀態。古代射箭是很平常的生活技能。當要射箭時搭箭於弓弦，箭之羽尾與弦之接觸點，應在弦的中點。這才是箭在弦的正確弦位。弦位太高的，就得壓下一些，弦位太低下的，就舉高一些。又箭身緊靠著弓的中點，在施力拉弓時，就必須注意支點與力點的平衡，即所謂「有餘者損之，不足者補之」。再者當舉臂張弓時，手臂與肩同高，呈水平狀。手臂太高就得壓下；太低時則宜上舉；有餘則減損，不足則補之。如此方能瞄準鵠的而射之。大自然就是具有「損有餘而補不足」的調和性德。唯有調和使平衡才能恆久存在。人道就不是這樣了。人的貪欲心很強，尤其是具有權力的強者，往往為滿足其私欲，就會採取強烈手段，來剝奪不足的，以供應有餘的自己。造成富者愈富，貧乏者愈貧的現象。社會上貧富越懸殊，其累積的不安定能量就越強。最後演變成「民不畏威，則大威至」（七十二章）的後果。世上又有誰能秉天道，以有餘來供應天下不足的呢？那只有體悟大道的人才能夠做得到了。因此一個有道的統治者，（聖人）他默默地依天道為無為。既不恃其權力任意妄為，就是天下因此而均平了，也不自居其功。有道的聖人，根本就不要自我表現其德能。這也就是七十二章「是以聖人自知不自見，自愛不自貴」的再次確認。

第七十八章　天下莫柔弱於水

天下莫柔弱於水，而攻堅強者莫之能勝，以其無以易之。
弱之勝強，柔之勝剛，天下莫不知，莫能行。
是以聖人云：「受國之垢，是謂社稷主；受國不祥，是為天下
王。」正言若反。

異述：

　　老子喜以水柔弱的性德，來喻「道」之部分性德。這是由於在人類的經驗界中，沒有比水更普遍，又具有類似大道柔弱處下特性之事物。本章一開頭即提出「天下莫柔弱於水，而攻堅強者莫之能勝」這一普遍認知的命題。這一命題普遍存在於現象界，但人人知其然而不知其所以然。老子僅以「以其無以易之」就要來說明「天下莫柔弱於水，而攻堅強者莫之能勝」的理由，是言簡意賅，還是語焉不詳，只有讀者自己裁奪了。依筆者之見，「以其無以易之」一語在指水能攻堅強的柔弱性德，是沒有任何東西可以取代或改變它。這無異在說：水具有大道柔弱的性德，是無能改變也無可替代的。老子云：「弱之勝強，柔之勝剛，天下莫不知，莫能行。」此句中「天下莫不知」古來有將「不知」作「能知」解，並引第七十章曰：「天下莫能知，莫能行」為證，而認此處「不」字當為「能」字之誤。可謂持之有故，言之成理。但筆者將

「不知」與「能知」兩說合而為一。蓋「弱之勝強，柔之勝剛。」是在言天道，而「天道」天下鮮有能知者。但水之柔弱而可攻堅強的現象，卻是天下沒有不知道的。所以對於「弱之勝強，柔之勝剛」天下人知其然而不知其所以然。因此也就沒有能夠行柔弱之道的。否則的話，不就有人攻堅強的能力勝過水了嗎？水性柔弱，而人性喜好爭強鬥勝。水喜處卑下，而人喜貢高。<u>老子</u>才會引述有道的聖人之言云：「受國之垢，是謂社稷主，受國不祥，是謂天下王。」這種正言若反的話。蓋水性處卑下，不避污垢；水性柔弱，不避凶險高危。如人甘受舉國之污垢者，才配稱社稷之主。能夠承擔全國之災禍的人，才配做天下之王。這種合於大道「柔弱勝剛強」的言論，表面看起來，似乎與人道相反。人道是「損不足以奉有餘」的。怎甘願「受國之垢，受國不祥」？所以說：大道的律則「天下莫能〔不〕知，莫能行」。

第七十九章　和大怨

和大怨必有餘怨；〔報怨以德〕安可以爲善？
是以聖人執左契，而不責於人。有德司契，無德司徹。
天道無親，常與善人。

異述：

　　老子之世諸侯生活奢泰，爭霸侵伐之事，無有已時。因此百姓負擔的賦稅，極為沉重。「樂歲時」終年辛苦僅得一飽，「凶年時」則妻子離散，野有餓殍。人民視統治者為寇仇，這種民怨就謂之「大怨」，這種全面性的民怨易積難消。統治者在民怨已深時再釋出善意，則再大的善意也無法完全消解人民心中哀怨，因為人民畢竟已蒙受慘痛的傷害。因此說「和大怨必有餘怨」。面對廣大的民怨，統治者才以德惠來對待人民，這怎能算是妥善的辦法呢？與其用「報怨以德」的方式，去調解深重的民怨，不如不要讓人民積怨。正如凡傷口癒後，多少留個疤，欲其無疤，勿傷之，才是最根本的辦法。民之有怨，以其上徭賦之繁重。在第七十五章老子不云：「民之饑，以其上食稅之多，是以饑。民之難治，以其上之有為，是以難治。」所以統治者如能秉持嗇德，來治人事天。那麼不就可以如古之聖人「執左契，而不責於人。」施德惠於民怨之未積。筆者按：「聖人執左契」為通行本所載。帛書甲本則作

「右契」，而乙本則作「左契」。主張「聖人執右契」者，自然持之有故言之成理，可備一說或成一家之言，筆者皆尊重之。筆者以為既為聖人，也一如俗人執右契，安可稱為「聖人」？雖事後「不責於人」，然在人民心中已造成極大壓力，這種事後「不責於人」與「報怨以德」又有何異？如一開始即「執左契」，則將大快人心，百姓無不額手稱頌。如一開始即「執右契」以示其尊，於事後才宣稱「不責於人」，只配稱「好人」又何德而稱「聖人」。蓋老子思想尚處卑下，而不尚處尊。左契之說正吻合其一貫思想。且唯有德者，寧可放棄右契而執左契，這也僅是一種態度上，「不責於人」之宣示，非必定有「執之」之行為，故而有本章下文「有德司契，無德司徹」之語。有德者司契之態度，顯然不同於稅吏的司徹。所以有德者執左契是一種為無為的表現，而不是於事後，以不責於人，來和「大怨」的有為作法。這那裡不合老子之旨？（高明帛書老子校注）只有無德的人才會執著於「執右契」，以便於有需要時，像稅吏之司徹，用以追繳賦稅，或必要時用「不責於人」，以示惠於人民，以謀取其他利益。（戰國策馮諼市義章可參閱）

　　本章最末老子云：「天道無親，常與善人」一語。此語是將七十七、七十八與本章作個總結。所謂「天道無親」是說天道是不具分別心的，此與第五章「天地不仁」的觀念是一致的。吾人大可不必以天地或天道之有情無情為念。其「無親」非言天道無情，其「常與善人」亦非言天道有意。天道無他，就像張弓一樣，損有餘而補不足，以達平衡的遷流而已。所謂「善人」亦非倫理道德所作的價值判斷，老子指的

是能效法水之柔弱，甘受舉國之垢；承擔全國不祥的人。天道不是有眼睛去檢驗他們。而是能效法水之柔弱處下，又能執左契弭大怨於未積之時的人，在本章有偏指統治者的意味。讀者可再回顧第八章「上善若水」章，那麼對「善人」一詞，於老子思想中的意涵將有更清晰的認識。天道完全不具人類好惡之心，自無人類好人或壞人的分別。「天地不仁，以萬物為芻狗」（五章）。人只要無為，而能隨順自然的發展，天道自會「損有餘而補不足」的濟助他。

第八十章 小國寡民

小國寡民。使有什伯之器而不用；使民重死而不遠徙。雖有舟輿，無所乘之；雖有甲兵，無所陳之。使民復結繩而用之。甘其食，美其服，安其居，樂其俗。鄰國相望，雞犬之聲相聞，民至老死，不相往來。

異述：

老子之世，周天子式微，諸侯凌駕天子，彼此結盟爭霸，兼併之風熾盛，原本成千上百之封建小國，已被兼併，剩數十小國，老子眼看再過不久，小國將消失殆盡。這都是由於強國、大國的征伐兼併所造成的。大國之所以好戰強吞，都是由於統治者野心勃勃，貪欲無窮的緣故。諷刺的是國家的規模愈大，人口愈多，百姓的生活反而變得更苦。統治者雖「服文綵，帶利劍，厭飲食，財貨有餘」，（五十三章）然篡弒時有所聞，統治者並未能高枕無憂。這種民不能安其居、遂其生，君不能長生久視的景象，老子能不感慨繫之？這應是老子主張「小國寡民」的社會背景。設如史記、老莊申韓列傳所載接近事實，那麼老子身為周守藏室之史，又生於春秋初年則對西周之歷史及社會景況應有所知悉。老子將晚年所見，比之於西周文獻所載，必然有世風日下，天下板蕩的強烈感受。其厭棄「欲取天下而為之」的統治者也是必然的。

人的思想絕不會是先天的，而是「物形之，勢成之」而來的。
老子在前七十九章談論了「道」的本體與性德之外，在德經
中更針對時弊，點出了統治者多欲有為，才是亂世的元兇。
對治之道就是要統治者，持見素抱樸，少私寡欲的生活態度，
守清靜無為的統治方式，讓人民自由自在，隨順自然的過生
活。本「小國寡民」章正是老子政治主張的「返樸歸真」。與
其國廣民眾，「人多伎巧，奇物滋起」落得國家滋昏而民彌貧，
倒不如「小國寡民」、「使民復結繩而用之。」讓人民「自化」、
「自正」、「自富」、「自樸」（五十七章）來得高明。

　　老子既主張「小國寡民」當然就是有什伯之器也用不著。
不論「什伯之器」指的是軍事上之器械或一般民用之器物。
人民能自化、自正、自樸了，奇器將有如「餘食贅疣，物或
惡之」（二十四章）又有何用？筆者按：「什百之器」河上公
本及帛書甲、乙本皆作「什伯人之器」近人有視為文明進步，
用機械之力代人工相當於十、百倍人工之器。此主張如為真，
則不啻老子已預知工業革命後的文明成就了。聖哉！老子。
筆者以為「什伯之器」指的是人多伎巧後，所製造出來的奇
器皆屬之。它可以用於軍事的攻防，可用於滿足奢泰的生活，
可用於兵災逃難。在返樸歸真的小國，既無戰爭，自無兵災。
既已返樸，何來奢泰？在返樸歸真的小國中，人口不多。人
人尊重生命，既沒有逃難或遠離苛政的必要，也沒有冒險遠
徙拓荒的需要。那麼精良的舟輿，也就派不上用場，堅銳的
甲兵，因沒有戰爭而無用武之地。因是小國寡民，人民相親
相近，也用不著使用文字來互通消息。簡直就是回復上古結
繩記事的方式，社會就可運作得很好。舉國上下皆返樸歸真

的小國，人人以他們所擁有的衣食為美，以他們所居的為安適，同時也以他們的風俗為樂。就是有鄰國也相隔不遠，單憑眼睛都可相互看得見，連雞犬的叫聲都相互聽得到。而百姓從出生到老死也不相交往。「民至老死不相往來」就沒對象可比較，就能「甘其食，美其服，安其居，樂其俗。」既不相往來，自無兼併之事。無兼併就無須戰爭，無戰爭就是有甲兵（根本不必有甲兵）也沒列陣的必要，百姓都「安其居，樂其俗」了還能「不重死而遠徙」嗎？百姓都「甘其食，美其服」了，「什伯之器」也就形同廢物。這種「小國寡民」的社會景象真可謂「在地若天」。

　　後人往往視老子「小國寡民」的主張為老子的理想國。認為是老子構思出來的，筆者認為非純老子所構思，有可能是從古文獻中得到上古部分真實的景象，在與現實社會景象比對後的選擇。只是「欲」之為物，易縱難收，返樸歸真談何容易，面對亂世老子能不無奈地出關西去嗎？

　　附註：「鄰國相望，雞犬之聲相聞，民至老死，不相往來」這在上古沿河對岸的部落，若無舟車等交通工具，是很普通的景況。

第八十一章　信言不美

信言不美，美言不信。
善者不辯，辯者不善。
知者不博，博者不知。
聖人不積，既以爲人己愈有，既以與人己愈多。
天之道，利而不害；聖人之道，爲而不爭。

異述：

　　本章筆者認爲是老子對前八十章的自我評論與結語。綜觀道德一經其文詞，以文學的角度來看，不算詞藻華美，但其含意皆爲老子由衷之言，也是對大道最貼切的描述。其所觸及的政治與社會沈痾，更是針針見血。所以所謂：「信言不美，美言不信」即暗示著老子五千言文詞雖不華美，但都是眞話；都是老子肺腑之言。更是他自己體悟大道後的忠實描述。這與當時百家爭鳴，華美動聽的巧言截然不同。「美言不信」就是含蓄地批評當世橫流的「邪說」，說客們以華美動聽的巧言去遊說諸侯，更撩起了諸侯們的野心與貪欲，使得世局更加動蕩，人民更加痛苦。

　　「善者不辯，辯者不善。」所謂「善者」，指的是能體悟大道，並能隨順自然的有道者。此「善者」深知「道可道，非常道」，無論辯詞如何犀利，均言不及「道」，眞正的「大

道」是不辯自明。但非庸俗之輩所能見及，因此毋庸與之辯。道德經中從未出現批評其他學派的言詞，也未對別人的批評提出任何辯駁。（註：批老的文獻可考者皆晚於老子，當世傳言中，有否批老者，不得而知）老子掌管周之文獻，其接觸到的論辯文獻，定然不少。以老子體悟的大道，去審視它們的巧言。認定辯者並未入「道」，故曰：「辯者不善」。在第五十六章老子云：「知者不言，言者不知」不就是在說：有智慧足以悟道的人，知「道」是非語言所可表達，故不多作言論。反過來說滔滔雄辯者，因非真正知「道」故而廣為言說，然所說皆非「道」。如果吾人將「善者不辯，辯者不善」替換成「聖人不辯，辯者非聖」或許可以拋開善惡的價值觀，去思考「善者不辯，辯者不善」一語了。

　　所謂「知者不博，博者不知」此中「知者」猶如前句中之「善者」，都是指智慧足以體悟大道的人，這類智者不一定要有廣博的見識。有廣博見識的人，也未必就有體悟大道的智慧。第四十七章老子云：「不出戶，知天下；不闚牖，見天道。其出彌遠，其知彌少。」行千里路，讀萬卷書獲得的是知識與見聞。人往往迷惑於虛幻的知識與不實的見聞，而障蔽了靈敏的智慧，只因「道隱無名」，非一般知識見聞所能彰顯出來的。所以「知者不博，博者不知」不也在暗指五千言中並沒有典章制度方面的記載，亦無各地民情風俗的描述，更無類似學術的論辯。但五千言則句句真言，處處入「道」。「博者不知」也在影射著百家長篇疊牘，而言不及「道」。老子為自己作了五千言，而作一自我慰藉與感言曰：「聖人不積，既以為人己愈有，既以與人己愈多。」老子非自以為是

聖人，而是抱著願效法聖人的胸懷說了這句話。其意思是：有道的聖人是不私自積藏大道真理的，聖人是儘量要幫助別人去認識大道，聖人在幫助別人認識大道的過程中，自己反而對「道」有更深入的體悟。聖人儘量將自己體悟大道的心得提供給別人，自己反而獲得更多的心得。老子體大道的心得是什麼呢？老子云：「天之道，利而不害；聖人之道，為而不爭。」這短短十五個字道盡了天人之道。在道德經中老子提到「道」有如下幾種類別，一曰：「道」，二曰：「大道」，三曰：「天道」，四曰：「天之道」。老子稱「道」或「大道」時，偏向對「道」的本體與性德來論述時用之。稱「天道」或「天之道」時，是論及與萬物或與人事的關係時使用之。（以上限於當主詞時）而「聖人」一詞，除一些指統治者外，如果是指體悟大道的人，則有時等同「善人」，或「知者」或「有道之士」在本章指「上善之人」。以上見解可另為文探討。筆者在此僅略為一提，以便對道德經最後一段話作論述。

　　關於「天之道，利而不害」一句話，可以說是老子對於天道與萬物的關係做言簡意賅的結論。在全經中老子明顯談論天道與萬物關係者如下：「功成身退，天之道」（九章）「大道氾兮，其可左右，萬物恃之以生而不辭，功成而不有」（三十四章）「道常無為而無不為」（三十七章）「故道生之，德畜之；長之育之；亭之毒之；養之覆之。生而不有，為而不恃，長而不宰。」（五十一章）「道者萬物之奧，善人之寶，不善人之所保。」（六十二章）「天之道，不爭而善勝，不言而善應，不召而自來，繟然而善謀。」（七十三章）「天之道，損有餘而補不足，人之道，則不然，損不足以奉有餘。」（七十七章）「天

道無親，常與善人。」（七十九章）依上引老子之言，將之總結謂：「總而言之，天道只有利於萬物之生存與發展，而不會去妨害萬物之生存與發展的。」就是在「損有餘而補不足」的時候亦無害於有餘者，不但利於不足者，同時也免除了有餘者贅形之累，不也等同利於有餘者嗎？至於「聖人之道，為而不爭」一語。帛書乙本無「聖」字，有學者據之而改為「人之道」。但並未說明其理由，筆者尊重之。在七十七章有「人之道，則不然，損不足以奉有餘。孰能有餘以奉天下？唯有道者。是以聖人為而不恃，功成而不處，其不欲見賢。」據此筆者採用一般傳本所載「聖人之道，為而不爭。」來論述。

此言可以說是老子對人與大道關係的期盼。以此作為全經的總結。使得不可道，玄之又玄的大道，能落實在實際的人類社會上。在全經中老子論及聖人之道的話，大約如下：「聖人處無為之事，行不言之教……功成而弗居。」（二章）；「聖人之治……為無為則無不治」（三章）；「聖人常善救人，故無棄人，常善救物，故無棄物」（二十七章）；「聖人後其身而身先，外其身而身存，非以其無私邪？」（七章）；「聖人不行而知，不見而明，不為而成。」（四十七章）；「聖人常無心，以百姓心為心……聖人在天下，歙歙焉為天下渾其心……。」（四十九章）；「聖人方而不割，廉而不劌，直而不肆，光而不耀。」（五十八章）；「非其神不傷人，聖人亦不傷人。」（六十章）；「聖人自知不自見，自愛不自貴。」（七十三章）；「聖人為而不恃，功成而不處，其不欲見賢。」（七十七章）；「聖人執左契而不責於人。」（七十九章）試將上引老子對「聖人」

的作風之所言，比對一下前述「天之道」，那麼明顯地可以發現「天之道」與「聖人之道」幾乎是一致的。在第八章老子云：「上善若水，水善利萬物而不爭，處眾人之所惡，故幾於道。」「水」之性德老子稱「幾於道」。

而「聖人之道」又幾乎與「天之道」一致。那麼聖人若稱之謂「上善之人」也不為過。能「利萬物而不爭，處眾人之所惡」者在物為「水」，在人唯「聖人」。聖人云「受國之垢，是謂社稷主，受國不祥，是謂天下王」。上善若水，上善之人亦若水。都可謂「幾於道」。所以，所謂「聖人之道」就是聖人效法天道而來的一切作為，效法「道常無為而無不為」（三十七章）。水利萬物而不爭，聖人則利萬民而不爭。水之利萬物、聖人之利萬民都在「為無為」中進行。故老子云：「聖人之道，為而不爭。」聖人既已為而不爭，就不須使用「美言」，亦不須「辯」。聖人「不闚牖，見天道」（四十七章）既已見天道，又何須博？聖人既不爭、不博，自然不積私。用所見之天道去「為人」去「與人」，不但無損於己，反而對「道」愈有體悟，收穫也愈多。本章筆者冗長的引述，是要強調道德經最末一章，不是在獨立論述事理，而是老子用以作為全經的總結語。老子以「道可道，非常道；名可名，非常名」為全經拉開序幕，其後反復論述天道，聖人之道與人道。更諄諄論及統治者之道。其中有「常道」，有「非常道」；有「常名」，有「非常名」。為回應「道可道，非常道；名可名，非常名」而自己卻著書五千言。於是老子云：「信言不美，美言不信。善者不辯，辯者不善，知者不博，博者不知。」接著為其著書五千言的心路歷程云：「聖人不積，既以為人己愈有，既以與人己愈

多」老子非自命為聖人，但以體悟大道者的心境，為自己作了五千言之後的心得，做一簡要表達。最後把形而上不可道的「道」，落實到經驗界稱其為「天之道」，並指出其大用曰：「天之道，利而不害」。認為法天的聖人，其為人之道也是「為而不爭」。或許這也是老子用以提醒「人道」當效法天道使成「聖人之道」，則天下百姓皆自然，這應是老子著書五千言的最大期盼。

後 記

　　十數年前筆者即思對道德經作一些研讀的心得紀錄，但每次重讀道德經總會有不同的想法與體悟，致沒敢動筆。從民國八十七年重拾台師大余培林教授新譯老子讀本（三民書局）於十年間反覆細讀了十二遍，期間又多方參考了手頭上能夠取得的各家註本，少則研讀二三遍，多則五六遍。例如陳鼓應教授的鉅著老子今註今譯及評介也反覆細研了六遍。筆者非偏好余培林與陳鼓應二位教授之註譯。而是由於余本有標準國音注音，可以提醒筆者注意今古音的差異，對經義的解讀可能引出的問題。而陳鼓應教授則是筆者大學時代選修老莊哲學的真正授課老師。（筆者原先選課時是選嚴靈峯教授的老莊哲學，後來嚴老師因故不能親臨上課，而請其嫡傳弟子陳鼓應教授代為授課）而且陳教授在其鉅著中資料的搜羅相當豐富，尤其所載帛書與郭店簡冊的新資料之豐，更為其他老子註本所不及。有了帛書與郭店竹簡的原始資料，再加上日本學者島邦男所著的老子校正（綫裝書）則自古以來道德經的經文，無論正誤，都可謂相當完備。這正是筆者所最需要的資料。也是筆者特以余培林教授和陳鼓應教授之註譯本為底本之最主要原因。特此聲明並向余教授與陳鼓應老師致謝與致敬。

　　寫後記總是心懷忐忑。尤其是對道德經的論述所作的後記更是誠惶誠恐。老子是因為關令尹而著五千言。孔子人稱其「知其不可而為之」。而老子之五千言則是「知其不可道而道之」。老子是以「聖人不積，既以為人己愈有，既以與人己愈多。」的胸懷做了五千言。吾人後輩小子如果自認智慧超越老子，則可另著五千言，何須為之註？如果自認智慧遠不及老子，那麼對老子五千言能體悟多少？又能註出多少精髓？此念一起能不忐忑惶恐嗎？老子五千言自古以來有褒有貶。古人推崇者多而批評者少，而越是後近批評者似乎在比例上越多，且言詞越犀利。但研究道德經之風似越盛，這真是一個很奇特的現象。該不會是為要打響自己的名號，而競以發表個人對老子的批評為手段吧！歷史告訴我們，往昔批評老君之學者，其論文往往隨著歷史的演變，漸漸為後來學者所忽視，而老子五千言則歷久彌新。由於千年古籍的新出土，研究老子的風氣已趨空前，不論是經文的考校或傳本之異同，即便是章篇次序結構，以及流變的研究，均呈空前興盛。研究成果成績斐然。這不是嚴詞批評老子思想者，所可抹煞的事實。筆者孤陋自不在話下，但依筆者之見，以五千言之素材，縱歷經二千五百多年，橫跨五大洲百餘國，皆可見到有關老子之研究論文或註譯本（以古文獻而言不同語文之譯本應可列入前十名）。如果誠如批評者之見，那麼古今中外，這許許多多的研究者難道都是枉然？古今聖智者之言論並非不可置評。聖智者之言論因時空背景已全然不同，語文意涵也大有出入，如以今人之現實景況與語意，去衡量千百年前之所謂聖典，則視古典為不完備或不圓滿，自屬平常事。

所以要提出批評也就非常容易了。今人研究老子之風,盛況空前。實在也是因為人類愈文明科技愈發達,愈顯現出老子的遠見。老子一書,不是當時社會弊病的處方箋或療程指南。它應只是文明社會病灶之診斷書。老子之時,社會或已病入膏肓,老子已然認為已至藥石罔效之時,其著五千言,除指明病因之外,欲借助明其因而思釜底抽薪,以減緩病情之惡化,所以在下篇德經中屢屢對統治者提出治人事天之道。俾能上行下效,減緩對名利物欲的瘋狂追求,以免因不道而「早已」吧了。以地球數十億年來之遞變而推論,人類自然不可能永遠存在於地球上。今日的科學家也早已洞悉人類即將面臨的災難,這不更凸顯了老子的睿智與遠見嗎?筆者深受老子思想之影響,常於授課之時向學生提出警語云:「一味地追求物質文明將是不歸路。」今日吾人已步上了這一不歸路,面臨的是進退兩難的困境,這也是「大道遷流變化」之所必然。吾人如能體悟老子之道,自能以平常心來面對未來世界之演變,並會苦思以有為的方策,來減緩因有為,而造成的災難之來臨。這或許不致辜負老子著五千言留世之慈悲。

　　筆者於二〇〇九年三月決志提筆著作本書。歷半年而初稿始定。筆者自知才疏學淺,所論所述必然瑜少瑕多。然而依舊敢提筆為書者,即依老子奇正無定(正復為奇,善復為妖五十八章)之思想,認為瑕瑜亦無定。本書之瑕,正可以映襯他書之瑜,亦可免後人重蹈筆者之轍,或亦可稱為無用之用吧!本書名為「道德經異述」自是有別於歷來先進前輩之論述。無論是結構形式或見解,均與眾大異其趣。所以如蒙閱讀本書,如非熟稔老子思想的一般先進,則請選一本自

己喜歡的其他註本參併合閱，或可更清楚看出本書特異之
處，以及本書之謬。本書不是學術研究之成果，不具嚴謹性，
也沒強有力的佐證。筆者立意在開拓另外的想像空間。有如
小說之改編。如蒙不棄，將本書閱畢，除竭誠歡迎指教外，
尚祈哂視之。

　　半年來蝸居安坑山坳鮮少外出，飲食所需，皆由老同學
<u>李文元</u>先生供應。參考資料則由另位老同學台大<u>林義正</u>教授
提供，並賜意見，特此申謝。

　　　　二〇〇九年九月十九日於新店安坑　如意精舍